개화기에서 일제강점기까지 한국문화자료총서

-구한국 관보 복식 관련 자료집-

동양학총서 39집

개화기에서 일제강점기까지

한국문화자료총서

구한국 관보 복식 관련 자료집

단국대학교 부설 동양학연구소

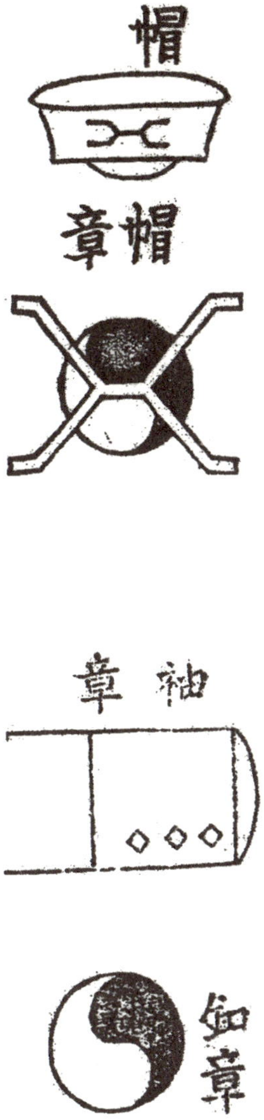

민속원

【 발간사 】

단국대학교 동양학연구소는 지금까지 한국 문화 전통의 여러 국면들을 다양한 시각에서 조명하고 탐구하는 연구를 수행하여 왔다. 1971년부터 한국의 역사와 문화에 관한 희귀한 자료를 발굴하여 간행한 '동양학총서'는 그동안 국어학 자료에서부터 독립운동사 자료, 한중일 관계 사료집, 개화기 대외 민간교류 자료, 개화기에서 일제강점기까지 한국문화 자료총서에 이르기까지 총38종 80책으로 발간되어 한국문화를 기축으로 한 동양문화 연구에 일익을 담당해 왔다.

또한 2005년부터 한국연구재단의 지원 아래 〈개화기에서 일제강점기까지 한국 문화전통의 지속과 변용〉이라는 주제로 중점연구소 연구과제를 수행하고 있다. 본 사업은 제1세부과제 '한국 민속 문화전통의 지속과 변용', 제2세부과제 '일상생활과 문화적 표상'으로 구성되어 있는 바, 이는 민속학적 연구와 문화사회학적 연구를 통해 한국 문화 전통의 지속과 변용의 양상을 통합적이고도 중층적으로 구명하기 위한 것이다. 이 중에서 특히 제1세부과제 연구 팀은 민속 문화전통의 하위 영역을 1단계 구비문학과 민간신앙, 2단계 의식주 문화와 민속놀이, 3단계 통과의례와 세시풍속으로 기획하여 순차적으로 연구를 진행하고 있으며 2008년부터 현재까지 제2단계 연구를 수행하고 있다.

한국 문화 전통의 다양한 갈래 중에서도 민속 문화는 한 민족의 문화적 원형을 고스란히 담고 있는, 민족 문화의 가장 기층적인 모습일 뿐 아니라 오랜 역사와 전통에 의해 적층되어 온 생활문화라 할 수 있다. 더욱이 개화기와 일제 강점기는 우리의 문화 전통이 가장 격렬한 변화와 굴곡을 강요당했던 시기로 수많은 민속문화 전통이 해체되고 변용되

면서 전승의 단절과 왜곡을 초래하였다. 따라서 이 시기에 배출된 민속 문화 자료를 파악하고 연구하는 일은 우리 문화전통의 원형을 살펴보는 데 있어 가장 핵심이 되는 과제라고 할 수 있다.

이러한 목적을 달성하기 위해서는 무엇보다 이 시기 민속 관련 기초 자료들을 광범위하게 수집하고 발굴하여 한 자리에 모아놓는 작업이 절실하다. 이러한 인식하에 본 연구소에서는 민속 문화 관련 기초 자료 조사와 발굴, 수집에 노력을 경주해 왔다. 이러한 노력의 결실로 이미 『개화기에서 일제강점기까지 구비문학 관련 자료집』 4권과 『개화기에서 일제강점기까지 민간신앙 관련 자료집』 3권, 그리고 『개화기에서 일제강점기까지 의식주 관련 자료집』 3권 등 총 10권의 자료집을 발간하여 학계에 보고한 바 있다.

이어 올해 또다시 2단계 연구 과제 "개화기에서 일제강점기까지 한국 민속문화 전통의 지속과 변용 – 민속놀이와 의식주 –"와 관련하여 『개화기에서 일제강점기까지 한국문화자료총서 – 구한국 관보 복식 관련 자료집』(동양학총서 39)과 『개화기에서 일제강점기까지 한국문화자료총서 : 민속놀이 관련 자료집 – 잡지편』(동양학총서 40), 『개화기에서 일제강점기까지 한국문화자료총서 : 민속놀이 관련 자료집 – 신문편』(동양학총서 41)을 발간하게 되었다.

아무쪼록 본 자료집이 이 시기 한국 민속놀이와 복식 문화에 나타난 변용 양상을 추적하고 그것이 지니는 문화사회학적 의미를 총체적으로 구명하는 데 많은 도움이 되기를 기대한다.

본 자료집 발간에 즈음하여 제1세부과제 연구책임을 맡아 주신 강재철 교수님과 공동연구원으로 과제를 이끌어주신 최인학, 송재용 교수님께 감사의 말씀을 드린다. 아울러 본 과제 수행을 위해 열과 성을 다하고 있는 이영수, 김난주, 서종원 연구교수와 박상진, 김태환, 이연경 연구보조원에게도 감사의 마음을 전한다. 특히 본 자료집의 자료 수집과 출간에 있어 많은 도움을 주신 단국대학교 전통의상학과 최규순 교수님께 감사드린다.

끝으로 한국 인문학 중흥을 위해 지원을 아끼지 않는 한국연구재단 관계자 여러분과 많은 어려움 속에도 의연하게 자료집을 출간하고 있는 민속원 홍기원 대표와 관계자 여러분께도 연구소를 대표하여 감사의 말씀을 드린다.

2011. 8.20.

단국대학교 동양학연구소

소장 서영수

【책머리에】

단국대학교 부설 동양학연구소는 우리 문화 전통에 대한 올바른 이해와 함께 문화 창조의 동력을 고구하기 위해 2005년 12월부터 한국학술진흥재단의 지원 아래 중점연구소 지원과제 사업인 〈개화기에서 일제강점기까지 한국 문화전통의 지속과 변용〉을 수행하고 있다. 특히 제1세부과제는 〈개화기에서 일제강점기까지 한국 민속 문화전통의 지속과 변용〉을 그 대상으로 삼고 있다. 이는 제1단계 「개화기에서 일제강점기까지 한국 구비문학과 민간신앙의 지속과 변용」, 제2단계 「개화기에서 일제강점기까지 한국 전통놀이와 의식주의 지속과 변용」, 제3단계 「개화기에서 일제강점기까지 한국 통과의례와 세시풍속의 지속과 변용」으로 나누어진다. 이에 따라 각 단계별 세부 계획을 수립하여 연구를 진행하고 있다.

본 연구팀에서는 이 시기 민속문화 관련 기초 자료 조사와 발굴, 수집에 노력을 경주해 왔다. 이러한 노력의 결실로 『개화기에서 일제강점기까지 구비문학 관련 자료집』 4권과 『개화기에서 일제강점기까지 민간신앙 관련 자료집』 3권, 『개화기에서 일제강점기까지 의식주 관련 자료집』 3권 등 총 10권의 자료집을 발간한 데 이어 올해 추가로 개화기에서 일제강점기까지 의식주와 놀이 문화 관련 자료집을 선보이게 되었다.

개화기에서 일제강점기까지 한국문화자료총서 『개화기에서 일제강점기까지 한국문화자료총서 - 구한국 관보 복식 관련 자료집』은 의정부 총무국 관보과(이전에는 내각기록국 관보과였음)에서 발행한 관보 중에서 복식 관련 자료를 수집하여 편찬한 것이다. 관보는 정부의 공식기관지로서, 당시의 정부 칙령과 각 기관의 부령, 관리의 서임 및 사령, 그리고 정부의 예산의 편성과 집행 등 관청의 동정 위주로 수록되어 있다. 이러한 관보는 1894년(고종 31년 개국 503년 갑오) 6월 21일부터 1910년 8월 29일까지 16년 2개월 동안 총 4768호까지 발행하다가 중단된다.

복식 관련 자료들은 칙령, 부령, 내부고시, 궁정녹사 등을 통해서 확인할 수 있는데, 본 연구팀에서는 16년간의 관보 기록을 일일이 뒤져서 복식과 직간접적으로 관련된 자료를 총망라하여 정리하였다. 그 결과 18 94년에서 1909년까지 발행된 호외와 부록 등을 포함한 72호의 관보에서 모두 91개의 복식 관련 자료를 수집하였다. 동일 호에 실린 여러 개의 복식 자료는 칙령과 훈령 등에 있어 차이가 있으면 별개의 자료로 선정하였다.

본 연구팀이 『구한국 관보 복식 관련 자료집』을 내면서 고심한 것은 가로쓰기에 익숙한 요즘 세대가 세로쓰기로 되어 있는 관보의 원문을 읽기가 쉽지 않다는 점이다. 이런 점을 고려하여 관보의 원문을 한글문서로 작업하기로 의견을 모으고, 연월일의 순서에 맞춰 원문을 일일이 대조하면서 관련 자료를 입력하였다. 복식과 직접적으로 관련된 칙령이나 부령 이외에도 〈제1306호, 광무 3년 7월 6일(목요)〉에 발표된 '원수부관제'와 같이 칙령과 궁정녹사 등에서 복식과 관련된 내용이 있으면, 이들 내용을 부분적으로 발췌하여 수록하였다. 그리고 관보에 포함된 그림은 원문을 영인하여 자료집에 수록하였으며, 자료집의 크기에 맞춰 조정 · 재편집하였음을 밝혀 둔다.

본 자료집에 수록된 자료들은 크게 1) 경찰 및 법원 관련 복식 자료, 2) 군 관련 복식 자료, 3) 단발 관련 자료, 4) 조신 및 관원 관련 복식 자료, 5) 훈 · 포장 관련 자료, 6) 기타 등의 6가지로 세분하였다. 1) 경찰 및 법원 관련 복식 자료는 개국 504년 4월 21일에 발행한 제19호의 칙령 81호 '경무사이하의 복제에 관한 건'을 비롯하여 모두 32개 항목이다. 이 중에는 광무 2년 1월 19일에 발행한 제850호의 칙령 3호 '감옥규칙'같은 경우는 복식과 관련된 내용 일부만을 발췌하여 자료집에 수록하였다. 2) 군 관련 복식 자료는 개국 504년 4월 11일에 발행된 제10호의 칙령 78호 '육군군인의 복장에 관한 규정'을 비롯하여 모두 23항목으로, 대부분 육군 군인의 복장에 관한 것이다. 3) 단발 관련 자료는 개국 504년 11월 15일 호외에 수록된 것을 비롯하여 모두 5항목이다. 4) 조신 및 관원 관련 복식 자료는 개국 503년 12월 16일에 조신의 대례복과 통상 예복에 관한 칙령을 발표한 것을 비롯하여 모두 19개 항목이다. 이 중에서 개국 503년과 개국 504년의 칙령 내용을 해석하면 다음과 같다. 〈개국 503년 12월 16일〉의 칙령 내용은 "조정 대신들은 대례복(大禮服)으로 흑단령(黑團領)을 착용하고, 대궐에 나올 때의 평상시 예복은 검은색의 토산(土産)

주포(紬布)로 만든 주의(周衣)와 답호(搭護) 및 사모(紗帽)와 가죽신을 착용하되, 내년 정조(正朝)부터 시행하라."는 것이며, 〈개국 504년 3월 29일〉의 칙령 내용은 "오늘 이후로는 정부와 민간의 예복 중에서 답호(搭護)를 없애고, 대궐에 나올 때에는 사모(紗帽)와 가죽신과 사대(絲帶)를 착용하며, 주의(周衣)는 관민(官民) 모두 검은 색으로 통일하라."는 것이다. 5) 훈・포장 관련 자료는 광무 4년 4월 19일에 발행한 호외의 칙령 13호 '훈장조례'에 관한 것을 비롯하여 모두 6개 항목이다. 훈장조례는 훈장의 종류(금척대훈장, 이화대훈장, 태극장, 자응장)와 훈장을 수여하는 대상과 그 착용 방법, 그리고 훈장연금과 외국훈장을 패용할 때의 요령과 주의 사항에 관한 것이다. 6) 기타에는 개국 504년 4월 29일에 발행한 제26호의 대원군을 모실 때의 예절 관한 것을 비롯하여 모두 7개 항목이다. 대원군을 삼가 받들어 모시는 예절 조목에 복식과 관련된 내용이 나온다. 임금이 4월 23일에 재가한 예절 조목은 다음과 같다. "하나. 교자(轎子)는 8명이 멘다. 둘. 흉배(胸褙)는 거북이 모양으로 한다. 세. 품대(品帶)는 푸른 가죽 띠에 자줏빛 마호(瑪瑚)로 한다. 넷. 초선(蕉扇)은 양산으로 대신하되 흰 바탕에 푸른색으로 선을 두른다. 다섯. 부대부인(府大夫人)의 품대는 푸른 가죽 띠에 자줏빛 마호로 한다. 여섯. 앞뒤의 각 문(門)에는 가름대를 설치한다. 일곱. 대문에 총순(總巡)과 순검(巡檢)들이 돌아가면서 입직(入直)하게 한다. 여덟. 높고 낮은 신하와 백성들이 칙령(勅令) 외에는 감히 사적으로 만나지 못하게 한다. 아홉. 각국의 공사(公使) 등 관리가 경의를 표시하려고 할 때에는 외부(外部)에 조회하여 궁내부외사과로 전통(轉通)함으로써 앞에서 인도하면서 통역하게 한다. 열. 출입할 때에는 궁내부에 먼저 알리어 궁내부 관원에게 모시도록 하며, 또 당직을 서는 총순과 순검에게 호위하도록 한다."는 것이다.

본 자료집에서는 색인을 따로 작성하지 않았고, 〈부록〉의 구한국 관보 복식 관련 자료로 이를 대신한다. 관보에 실린 복식 관련 자료를 최대한 찾아서 수록하고자 노력하였으나 미처 확인하지 못하여 누락된 내용들이 있을 수 있다. 자료집에 누락된 것은 후일 다시 수집하여 보충하도록 노력할 것이다. 이점 연구자들의 넓은 이해를 바라며, 여러 면에서 부족한 면이 있지만 이 분야의 연구자들에게 기초 자료로 널리 활용될 수 있기를 기대한다.

단국대학교 동양학연구소
이영수

【 차례 】

[구한국 관보]

차례

官報

개국 503년 12월 16일~융희 3년 6월 2일

개국 503년 12월 16일

○勅令朝臣大禮服用黑團領進宮通常禮服周衣搭護用黑色土産細布及紗帽靴子自來歲正朝施行　　總理大臣 各衙門大臣 奉勅

개국 504년 3월 29일

○勅令自今公私禮服中褡護를除ᄒᆞ고進宮時ᄯᅢ帽靴絲帶를用ᄒᆞ고周衣ᄂᆞᆫ官民이一體로黑色類를從ᄒᆞ라

제6호, 개국 504년 4월 7일(수요)

○告示

內部告示

開國五百四年三月二十九日

勅令第六十七號自今公私禮服中褡護를除ᄒᆞ고進宮時ᄯᅢ帽靴絲帶를用ᄒᆞ고周衣ᄂᆞᆫ官民이一體로黑色類를從ᄒᆞ라ᄒᆞ시니本大臣은謹惟此次

勅令은我

大君主陛下게ᄋᆞᆸ셔官民을一視ᄒᆞ시ᄂᆞᆫ蕩蕩至公無私ᄒᆞ신

聖德으로官民을一視ᄒᆞ사衣制上으로라도조곰도官民의區別을不立ᄒᆞ시미며且黑色類를從ᄒᆞ라ᄒᆞ시믄各其便宜를從ᄒᆞ야아모죠록此色類를從ᄒᆞ게ᄒᆞ시ᄂᆞᆫ

聖意시니凡我

大君主陛下의臣民되ᄂᆞᆫ者ᄂᆞᆫ맛당히이러ᄒᆞ신

聖意를奉承ᄒᆞ야外面의官民同一ᄒᆞᆫ衣制를用ᄒᆞᆯᄲᅮᆫ아니라中心愛國ᄒᆞᄂᆞᆫ性氣가官民間區別업시믈企望홈

開國五百四年四月初五日

此告示는成丁호官民에게홈이요

婦女童穉勿論홈

限今月二十日

제10호, 개국 504년 4월 11일(일요)

○勅令

朕이陸軍服裝規則을裁可ᄒᆞ야頒布케ᄒᆞ노라

大君主 御押 御璽

開國五百四年四月九日

內閣總理大臣　金弘集

軍部大臣署理　權在衡

勅令第七十八號

陸軍服裝規則

第一章 總則

第一條 陸軍軍人의服裝은分ᄒᆞ야左의四種으로ᄒᆞ니其細目은別表에依홈

一 正裝

二 軍裝

三 禮裝

四 常裝

第二條 前條第一第二第四는將校와下士卒을勿論ᄒᆞ고共通着用ᄒᆞ는服裝이며第三은將校에만限홈

第三條　正裝은儀式祭事等大禮時에着ᄒᆞᄂᆞᆫ者니其境遇ᄂᆞᆫ大槪左와如홈
聖節　各殿誕日及元朝冬至問安與陳賀　太廟幸行　太社幸行
山陵幸行

第四條　軍裝은一般軍人이左開ᄒᆞᄂᆞᆫᄃᆡ로着用홈
一　戰時出征
一　非常出兵
一　軍隊諸勤務
一　衛戍勤務
一　週番勤務
一　中隊以上의演習

第五條　禮裝은大抵左開ᄒᆞᄂᆞᆫᄃᆡ로着用홈
一　宮內에셔陪食ᄒᆞᄂᆞᆫ時
一　禮節로上官에對見ᄒᆞᄂᆞᆫ時
一　夜會와其餘公式宴會에臨ᄒᆞᄂᆞᆫ時
一　親戚의賀儀祭事葬事에臨ᄒᆞᄂᆞᆫ時

第六條　常裝은公私를勿論ᄒᆞ고 恒常着用ᄒᆞᄂᆞᆫ者로홈

第七條　夏衣ᄂᆞᆫ炎署際(五月一日로八月ᄭᆞ지)常裝及軍裝으로着用ᄒᆞ믈得호ᄃᆡ
但夏衣에ᄂᆞᆫ반다시夏袴를着홈

第八條　夏袴ᄂᆞᆫ右와同ᄒᆞᆫ時節에何許服裝을勿論ᄒᆞ고皆代用ᄒᆞ기를得홈

第九條　外套ᄂᆞᆫ防雨防寒에用ᄒᆞ미니何許服裝에在ᄒᆞ든지室外에着用
ᄒᆞ믈得ᄒᆞ나然ᄒᆞ나軍裝常裝ᄒᆞᄂᆞᆫ時ᄂᆞᆫ觀兵式과其餘儀式의境遇
와或上官의房內를除ᄒᆞᄂᆞᆫ外에ᄂᆞᆫ아모房內라도着用ᄒᆞ믈得홈

第十條　日遮ᄂᆞᆫ前條炎署際에着用ᄒᆞ믈得ᄒᆞ나但儀式時에ᄂᆞᆫ除홈

第二章 佩着通則

第十一條　刀ᄂᆞᆫ戰列將校가佩用ᄒᆞ고劒은非戰列將校가佩用홈

第十二條　刀와劍을佩用ᄒᆞᄂᆞᆫ法은別表第十圖와如ᄒᆞ나但刀ᄂᆞᆫ房內外ᄅᆞᆯ勿論ᄒᆞ고何許時든지環을刀帶鉤鐵에掛호ᄃᆡ乘馬ᄒᆞᄂᆞᆫ時ᄂᆞᆫ掛치아니믈法으로홈

第十三條　正緖ᄂᆞᆫ正裝禮裝ᄒᆞᄂᆞᆫ時의刀와或劍에裝着홈

第十四條　刀緖ᄂᆞᆫ軍裝과常裝ᄒᆞᄂᆞᆫ時의刀나或劍에裝着홈

第十五條　飾緖ᄂᆞᆫ參謀官及將官이佩用홈

第十六條　飾緖ᄂᆞᆫ金線製ᄒᆞᆫ物件을用ᄒᆞ미元法이나常裝及軍裝에在ᄒᆞ야ᄂᆞᆫ白茶色絹絲製ᄅᆞᆯ用ᄒᆞ미亦可홈

第十七條　懸章은高等官과副官(高等官衙와將官以上在ᄒᆞᆫ處所)과週番衛戍巡察ᄒᆞᄂᆞᆫ諸將校의何許服裝을勿論ᄒᆞ고佩用ᄒᆞ미니其法은右肩으로左脅에斜掛ᄒᆞᄂᆞ니但高等官衙副官은特別히將官을隨從ᄒᆞᄂᆞᆫ時나週番及衛戍巡察은現職에在ᄒᆞᆯ時外에ᄂᆞᆫ懸章을佩用치아니홈도亦可홈

第十八條　短袴ᄂᆞᆫ何許服裝에在ᄒᆞ든지長靴ᄅᆞᆯ穿ᄒᆞᄂᆞᆫ時에着用ᄒᆞ미니或炎署之際ᄂᆞᆫ夏袴ᄅᆞᆯ短袴로製造ᄒᆞ야着用ᄒᆞ미亦可홈(儀式之時ᄅᆞᆯ除ᄒᆞ고)

第十九條　手套ᄂᆞᆫ白革製ᄅᆞᆯ定式으로호ᄃᆡ但常裝과軍裝으로平時勤務演習中에在ᄒᆞ야ᄂᆞᆫ茶色革製나或無大小製ᄅᆞᆯ用홈도得홈

第二十條　下襟은何許服裝에在ᄒᆞ든지白布製ᄅᆞᆯ用ᄒᆞ미可홈

第二十一條　何許服裝을勿論ᄒᆞ고短靴ᄂᆞᆫ반다시袴下로穿호ᄃᆡ留革(靴와袴와相違ᄒᆞ야鎖住ᄒᆞᄂᆞᆫ끈)을付着ᄒᆞ고或乘馬ᄒᆞᄂᆞᆫ者ᄂᆞᆫ短靴에나長靴에나반다시拍車(驅馬ᄒᆞᄂᆞᆫ鐵機니靴後에添付ᄒᆞᄂᆞᆫ것)ᄅᆞᆯ付着ᄒᆞ미可홈

第三章　正裝

第二十二條　正裝은左의物件으로홈

一 帽
一 前立(압헤곳ᄂᆞᆫ상모)
一 衣
一 袴
一 肩章
一 飾帶
一 刀[劒]
一 正緒
一 白革手套[쟝갑]
一 白布下襟
一 靴

此服裝으로乘馬ᄒᆞᄂᆞᆫ時에ᄂᆞᆫ其乘馬裝을左와如ᄒᆞᆷ

一 頭絡豫備轡及鼻革굴에
一 轡銜지갈轡鎖텩밋ᄉᆞ슬
一 韁쟝혁
一 副韁단혁
一 鞍안쟝
一 鞍褥언치
一 鐙등ᄌᆞ
一 鞄등ᄌᆞᄭᆞᆫ
一 鞍囊결낭
一 鞍囊外套결낭덥치
一 腹帶비ᄯᅴ
一 鞦밀치
一 鞦가심거리

第四章 軍裝

第二十三條　軍裝ᄋᆞᆫ左의物件으로ᄒᆞᆷ

一 帽
一 衣
一 袴
一 刀[劒]
一 刀緒
一 手套
一 下襟
一 五連短銃(黑革袋入帶革)
一 靴
一 眼鏡ᄋᆞᆫ砲兵將校外에ᄂᆞᆫ隨意ᄒᆞ미可ᄒᆞᆷ

此服裝으로乘馬ᄒᆞᆯ時ᄂᆞᆫ其馬裝ᄋᆞᆫ左와如ᄒᆞᆷ

一 頭絡豫備轡鎖鼻革ᄋᆞᆫ除ᄒᆞᆷ
一 轡銜轡鎖
一 副銜

一 韁　一 副韁

一 鞍鞍尾는付치아니홈　一 鞍褥

一 鐙　一 鞄

一 鞍囊　一 腹帶

一 靷　一 鞦

一 旅囊힝장 걸낭　一 野繫바

此服裝으로乘馬本分에在치아니혼尉官은背囊을負ᄒᆞ믈法으로호ᄃᆡ但背囊을負ᄒᆞ는者는背囊에雨覆천의나或外套두루막기를附着ᄒᆞ고或背囊을負치아닌者는雨覆나或外套를마라셔左肩으로右脅下에斜掛ᄒᆞ믈法으로홈

週番衛戍巡察等은時宜를依ᄒᆞ야背囊을負치아니ᄒᆞ야도亦可홈

第五章 禮裝

第二十四條　禮裝은左의物件으로홈

一 帽　一 衣

一 袴　一 刀[劒]

一 正緒　一 白革手套

一 下襟　一 靴

此服裝으로乘馬ᄒᆞ는時는其馬裝은正裝ᄒᆞ는時와同ᄒᆞ나但鞍囊外覆와靷과鞦를除홈此境遇에는通常遊步馬具를用ᄒᆞ야도亦可홈

附則

第二十五條　此規則은訓練隊步兵科將校에만適用홈

前項以外에屬ᄒᆞ는將校의服裝은追後로定홈

第二十六條　訓練隊會計官과或醫官의服裝은此規則에依홈

但軍衣의金線은銀線으로ᄒᆞ고袴筋은會計官은靑色이요醫官은綠色으로ᄒᆞᆷ

別表ᄂᆞᆫ 略ᄒᆞᆷ

제19호, 개국 504년 4월 21일(수요)

○勅令

朕이警務使以下服制에關ᄒᆞᄂᆞᆫ件을裁可ᄒᆞ야頒布케ᄒᆞ노라

大君主 御押 御璽

開國五百四年四月十九日

內閣總理大臣　金弘集

內部大臣　朴泳孝

勅令第八十一號

警務使以下의服制ᄂᆞᆫ左表갓티定ᄒᆞᆷ

<table>
<tr><td>名稱</td><td colspan="2">警務使</td><td>警務官
(總務局長)</td><td>警務官</td><td>總巡</td><td>巡檢</td></tr>
<tr><td>地質</td><td colspan="2">濃紺絨</td><td>仝</td><td>仝</td><td>仝</td><td>仝</td></tr>
<tr><td>前章
(李花)</td><td colspan="2">金色徑自中心五分</td><td>仝</td><td>仝</td><td>仝</td><td>白銅
同上</td></tr>
<tr><td>眼庇</td><td>革
表黑裏萌</td><td>黃</td><td>仝</td><td>仝</td><td>仝</td><td>仝</td></tr>
<tr><td>頤鈕</td><td colspan="2">黑革三分五厘鈕金色圓形內付徑三分之李花</td><td>仝</td><td>仝</td><td>仝</td><td>仝
鈕白銅</td></tr>
<tr><td rowspan="2">橫章</td><td colspan="2">白絨</td><td>仝</td><td>仝</td><td>仝</td><td>仝</td></tr>
<tr><td colspan="2">大線幅七分二條
小線幅二分二條
頂上付徑二寸之銀色李花</td><td>大線幅七分二條
小線幅二分一條
仝上</td><td>大線幅七分二條
仝上</td><td>大線幅七分一條
仝上</td><td>不付線但近衛巡檢付黃線二分四條
頂上白銅同上</td></tr>
</table>

製式	高至頂上五寸 各線之間隙爲一分	仝	仝	仝	仝
形狀	如圖	仝	仝	仝	仝

常					
名稱		警務使	警務官 (總務局長)	警務官	總巡
地質		濃紺絨	同	同	同
胸章		隱釦허고수留 付黑毛緣七分幅付蛇腹飾	仝	仝	仝
袖章	品質	大線黑毛緣幅一寸二分 小線蛇腹組黑毛系一分	仝	仝	仝
	裝式	大線一條 小線四條	大線一條 小線三條	大線一條 小線二條	大線一條 小線一條
製式		襟幅一寸二分袖長止腕關節丈自臏骨上端以下四寸五分全線邊及背面付縫際幅八分之黑毛緣裂兩脅之下端三寸五分物入付前面之左右各一個及付左胸部一個	仝	仝	仝
形狀		如圖	仝	仝	仝

夏					
名稱		警務使	警務官 (總務局長)	警務官	總巡
色及地質		白色 品質適宜	仝	仝	仝
胸章		釦留 付其數五個	仝	仝	仝
袖章	品質	大線小線共用白色之物	仝	仝	仝
	裝式	如冬衣	仝	仝	仝
製式		如冬衣 但不付全緣及背面之飾	仝	仝	仝
形狀		如圖	仝	仝	仝

圖ᄂᆞᆫ略ᄒᆞᆷ

제26호, 개국 504년 4월 29일(목요)

○宮廷錄事

大院君尊奉儀節條目은今日二十三日에上裁ᄒᆞ시믈奉ᄒᆞ야左갓티定홈

一 轎子ᄂᆞᆫ八人으로低擔홈

二 胸褙ᄂᆞᆫ龜形으로홈

三 品帶ᄂᆞᆫ靑鞓紫瑪瑚로홈

四 蕉扇은日傘으로代ᄒᆞ되白質靑邊으로홈

五 府大夫人品帶ᄂᆞᆫ靑鞓紫瑪瑚로홈

六 前後各門에橫杠木을設홈

七 大門에總巡巡檢으로輪回入直ᄒᆞ게홈

八 大小臣民이勅令外ᄂᆞᆫ敢히私謁치못ᄒᆞ게홈

九 各國公使等官이敬禮ᄅᆞᆯ致코져ᄒᆞᄂᆞᆫ時에ᄂᆞᆫ可히外部로照會ᄒᆞ야宮內府外事課로셔轉通ᄒᆞ야先導通辯ᄒᆞ게홈

十 出入ᄒᆞ시ᄂᆞᆫ時에ᄂᆞᆫ宮內府에先通ᄒᆞ야宮內官員으로ᄒᆞ야곰陪從케ᄒᆞ고또入直ᄒᆞᄂᆞᆫ總巡巡檢도警衛케홈

제74호, 개국 504년 윤5월 26일(목요)

○勅令

朕이陸軍服裝을侍衛隊에도適用케ᄒᆞᄂᆞᆫ件을裁可ᄒᆞ야頒布케ᄒᆞ노라

大君主 御押 御璽

開國五百四年閏五月二十五日

內閣總理大臣 朴定陽

軍部大臣 申箕善

勅令第一百二十三號

第一條　本年勅令第七十八號陸軍服裝의件을侍衛隊에도適用케홈

第二條　本令은開國五百四年九月一日로붓터施行홈

제81호, 개국 504년 6월 5일(금요)

○勅令

朕이各府警務官以下服制에關ᄒᆞᄂᆞᆫ件을裁可ᄒᆞ야頒布케ᄒᆞ노라

大君主 御押 御璽

開國五百四年六月三日

內閣總理大臣　朴定陽

內部大臣署理　兪吉濬

勅令第一百三十號

第一條　本年勅令第八十一號警務廳服制의件을各府警務官警務官補及總巡巡檢에도適用홈

第二條　本令은頒布日로붓터施行홈

제127호, 개국 504년 8월 2일(금요)

○部令

軍部令第二號

舊各營에屬ᄒᆞ야든馬步將卒解放된者의軍裝軍器等收納홀件을左開ᄒᆞ야令飭홈

開國五百四年七月三十日

軍部大臣　安駉壽

第一條　舊各營兵丁의服裝을營費로製給ᄒᆞ야든者ᄂᆞᆫ新舊ᄅᆞᆯ勿論ᄒᆞ고
左開ᄅᆞᆯ依ᄒᆞ야來納ᄒᆞ미可홈

一　軍裝上下一襲

一　革帶幷彈藥入綳囊

第二條　舊各營將卒의帶持ᄒᆞ야든銃刀와鐵椎(도리ᄀᆡ)等物도隨存來納ᄒᆞ미可홈

第三條　已上諸物外에軍物中銅爐口等炊飯器具라도各營으로셔遺漏된物을藏置ᄒᆞᆫ者ᄂᆞᆫ一體來納케홈

第四條　本年 勅令第一百十號第五條에定ᄒᆞᆫ바護身刀銃이라도警務廳許可保證이無ᄒᆞ면本部에沒入홈

第五條　兵額에解放된者가軍器ᄅᆞᆯ私藏ᄒᆞ든지軍衣ᄅᆞᆯ冒着ᄒᆞ다가現發ᄒᆞ면一併重律로繩홈

第六條　兵額에解放된者가軍器軍衣ᄅᆞᆯ私藏ᄒᆞᆫ줄的實이査探ᄒᆞᆫ後에ᄂᆞᆫ巡檢이該人家에直入ᄒᆞ야拿獲ᄒᆞᆷ을得함

第七條　本令은官報揭載日로부터實行홈

제132호, 개국 504년 8월 8일(목요)

○勅令

朕이陸軍服裝規則을軍部內武官及相當官에도適用ᄒᆞᄂᆞᆫ件을裁可ᄒᆞ야頒布케ᄒᆞ노라

大君主 御押 御璽

開國五百四年八月六日

內閣總理大臣　金弘集

軍部大臣　安駉壽

勅令第一百五十二號

第一條　本年 勅令第七十八號陸軍服裝規則을軍部內武官及相當官에도適用케홈

附則

本令은開國五百四年九月十五日븟터施行호ᄃᆡ正尉及正尉相當官以下는不得已ᄒᆞᆫ事情이有ᄒᆞ거든平服을着用홈을得홈

호외, 개국 504년 8월 11일

○勅令

勅令第一號

朕이朝臣以下服章式을裁可ᄒᆞ야左갓치頒布케ᄒᆞ노라

一　朝服과祭服은仍舊ᄒᆞ고

一　大禮服은黑團領紗帽品帶靴子凡於動駕時와慶節과問安과禮接時에着用ᄒᆞ고

一　小禮服은黑盤領窄袖袍紗帽束帶靴子大禮服時에도惑用之ᄒᆞ며無時進見時에用之ᄒᆞ고

一　通常服色은從便ᄒᆞ야周衣褡䕶絲帶
內外官仕進時則無碍ᄒᆞ며進見時則不着ᄒᆞ고士庶服色도從便ᄒᆞ되廣袖는除去ᄒᆞ고禮服外務從儉約ᄒᆞ라

開國五百四年八月十日奉

勅　　宮內府大臣署理　李範晉

掌禮院卿　趙秉稷

제141호, 개국 504년 8월 19일(월요)

○勅令

朕이陸軍服裝規則을外國留學軍人에게도適用ᄒᆞᄂᆞᆫ件을裁可ᄒᆞ야頒布케ᄒᆞ노라

大君主　御押　御璽

開國五百四年八月十六日

內閣總理大臣　金弘集

軍部大臣　安駉壽

勅令第一百五十六號

第一條　本年 勅令第七十八號陸軍服裝規則을外國留學軍人에게도適用ᄒᆞᆷ

第二條　本令은頒布日로브터施行ᄒᆞᆷ

제156호, 개국 504년 9월 8일(금요)

○勅令

朕이陸軍服裝規則의適用에關ᄒᆞᄂᆞᆫ件을裁可ᄒᆞ야頒布케ᄒᆞ노라

大君主　御押　御璽

開國五百四年九月六日

內閣總理大臣　金弘集

軍部大臣　趙義淵

勅令第一百六十五號

本年勅令第七十八號陸軍服裝規則을一般陸軍軍人에適用ᄒᆞᆷ

官報

제157호, 개국 504년 9월 9일(토요)

○勅令

朕이裁判所廷吏服裝에關ᄒᆞᄂᆞᆫ것을裁可ᄒᆞ야頒布케ᄒᆞ노라

大君主 御押 御璽

開國五百四年九月七日

內閣總理大臣 金弘集

法部大臣署理 張 博

勅令第一百六十八號

裁判所廷吏의服裝을左表갓티定홈

名稱	地質	前章	頂章	眼庇	頤紐	製式
帽子	濃紺絨	金色 廷子	金色 圓形	革 表黑 裏靑	黑革 廣三分五厘 鈕金色	高至頂上五寸

名稱	地質	胸鈕	袖章		製式
			品質	製式	
上衣	黑色 木棉	金色	黃絨線幅一寸	橫線一條 曲線一條	窄袖

名稱	地質	製式
下衣	木棉 夏白 冬黑	狹幅

호외, 개국 504년 10월 21일

○勅令

朕이武官表喪式을裁可ᄒᆞ야頒布케ᄒᆞ노라

大君主 御押 御璽

開國五百四年十月二十日

內閣總理大臣 金弘集

軍部大臣 李道宰

勅令第一百七十八號

第一條 武官表喪式은軍隊와軍人이喪章을附홈

第二條 喪章은黑布로뼈軍旗喇叭樂器刀(劍)及衣左袖를纒홈

第三條 國喪及宮中喪에는將校와相當官以上은其時命令을從ᄒᆞ야喪章을附홈

第四條 大隊에附ᄒᆞᆫ中隊長以上의喪에는其部下將校와相當官이軍部規定을依ᄒᆞ야喪章을附홈

第五條 陸軍會葬式을因ᄒᆞ야差遣ᄒᆞ는軍隊는第四條를依ᄒᆞ야喪章을附홈

第六條 喪章製式은左와如홈

第一項 軍旗喪章 廣二寸長四尺되는黑布를旗竿上端에纒홈

第二項 喇叭喪章 廣一寸長兩尺되는黑布를前身과後身에纒홈

第三項 樂器大小太鼓喪章 黑布로太鼓全體를蔽盖홈

第四項 刀劒喪章 廣二寸長兩尺되는黑布를柄에纒홈

第五項 衣袖에附ᄒᆞ는喪章 廣二寸되는黑布로左腕을圍卷홈

호외, 개국 504년 10월 21일

○勅令

朕이警官表喪式을裁可ᄒᆞ야頒布케ᄒᆞ노라

大君主 御押 御璽

開國五百四年十月二十日

內閣總理大臣　金弘集

內部大臣署理　兪吉濬

勅令第一百七十九號

第一條　警官表喪式은警務使와警務官總巡이喪章을附홈

第二條　喪章은黑布로뼈刀及衣左袖를纏홈

第三條　國喪及宮中喪에其時命令을從ᄒᆞ야喪章을附홈

第四條　喪章製式은左와如홈

第一項　刀喪章　廣二寸長二尺되ᄂᆞᆫ黑布를柄에纏홈

第二項　衣袖에附ᄒᆞᄂᆞᆫ喪章　廣二寸되ᄂᆞᆫ黑布로左腕을圍卷홈

호외, 개국 500년 11월 15일(504년이나 4년이 누락됨—편집자 주)

○詔勅

朕이髮을斷ᄒᆞ야臣民에게先ᄒᆞ노니爾有衆은朕의意를克體ᄒᆞ야萬國으로並立ᄒᆞᄂᆞᆫ大業을成케ᄒᆞ라

開國五百四年十一月十五日

內閣總理大臣　金弘集

外部大臣　金允植

內部大臣署理　兪吉濬

度支部大臣　魚允中

軍部大臣臨時署理 度支部大臣　魚允中

農商工部大臣署理　鄭秉夏

제214호, 건양 원년 1월 4일(토요)

○告示

內部告示

今此斷髮ᄒᆞᆷ은生을衛홈에利ᄒᆞ고事ᄅᆞᆯ作홈에便ᄒᆞ기爲ᄒᆞ야我聖上陛下게옵셔政治改革과民國富强을圖猷ᄒᆞ사率先

躬行ᄒᆞ사表準을示ᄒᆞ시미라凡我

大朝鮮國民人은如此ᄒᆞ신

聖意ᄅᆞᆯ仰體호ᄃᆡ衣冠制度ᄂᆞᆫ左開ᄒᆞ야告示홈

開國五百四年十一月十五日

內部大臣署理內部協辦　兪吉濬

一　國服이身에在ᄒᆞ니衣冠은國服期限前에仍舊ᄒᆞ야白色을用홈

一　網巾은廢止홈

一　衣服制度ᄂᆞᆫ外國制ᄅᆞᆯ採用ᄒᆞ야도無妨홈

제214호, 건양 원년 1월 4일(토요)

○告示

內部告示

今十五日

大君主陛下게옵셔頒降ᄒᆞ신

詔勅內에

朕이髮을斷ᄒᆞ야臣民에게先ᄒᆞ노니爾有衆은朕의意ᄅᆞᆯ克體ᄒᆞ야萬國으로並立ᄒᆞᄂᆞᆫ大業을成케ᄒᆞ라ᄒᆞ시니今此更張ᄒᆞᄂᆞᆫ會ᄅᆞᆯ當ᄒᆞ야大舊發ᄒᆞ신

官報

詔勅을伏讀ᄒᆞ니凡我

大朝鮮國臣民되ᄂᆞᆫ者ᄂᆞᆫ誰人이感泣지아니며振作지아니리오

一心同德ᄒᆞ야更張ᄒᆞ시ᄂᆞᆫ

聖意ᄅᆞᆯ奉體ᄒᆞ기ᄅᆞᆯ切望홈

開國五百四年十一月十五日

內部大臣署理內部協辦　兪吉濬

제217호, 건양 원년 1월 9일(목요)

○告示

內部訓示

大君主陛下게ᄋᆞᆸ셔髮을斷ᄒᆞ시고

詔勅을降ᄒᆞ시ᄆᆡ本大臣이敢히遲延치못ᄒᆞ고卽時告示ᄒᆞ야人民에게

聖意ᄅᆞᆯ下達케ᄒᆞ얏더니今聞ᄒᆞᆫ則斷髮ᄒᆞᄂᆞᆫ者가多ᄒᆞ다ᄒᆞ니是ᄂᆞᆫ

聖意ᄅᆞᆯ奉承ᄒᆞ야忠順ᄒᆞᆫ人民의職分이라本大臣이甚히欣幸ᄒᆞ거니와或觀望不斷ᄒᆞᄂᆞᆫ者도亦多ᄒᆞ다ᄒᆞ니是ᄂᆞᆫ

聖意ᄅᆞᆯ不知ᄒᆞ고頑固ᄅᆞᆯ自恣ᄒᆞ미라人民되ᄂᆞᆫ道理의不穩ᄒᆞ기此에訓示ᄅᆞᆯ發ᄒᆞ야家論戶說케ᄒᆞ노니聞令卽地에髮을斷ᄒᆞ고父가其子ᄅᆞᆯ說諭ᄒᆞ며兄이其弟ᄅᆞᆯ勸誘ᄒᆞ고親戚朋友가亦各相勸ᄒᆞ야

大君主陛下의聖意ᄅᆞᆯ報答ᄒᆞ미可홈

建陽元年一月二日　　內務大臣　兪吉濬

호외, 건양 원년 2월 11일

○詔勅

今此春川等地에人民起鬧ᄒᆞᆷ은斷髮ᄒᆞᆫ事ᄅᆞᆯ爲ᄒᆞᆷ이아니라大抵八月二十日事變에積憤이磞中ᄒᆞ야藉端暴發ᄒᆞᆫ줄을不問ᄒᆞ야도的知ᄒᆞ later지라今에國賊

이이믜伏法ᄒᆞ고餘黨도次第로鋤治ᄒᆞᆯ터인즉曩時에梗化ᄒᆞ던人民도想必聞知ᄒᆞ고昔憤을快雪ᄒᆞ리니該地에駐留ᄒᆞᆫ軍隊ᄂᆞᆫ須先此詔勅을將하야春川府에屯聚ᄒᆞᆫ人民에게示ᄒᆞ야各使歸化安業케ᄒᆞ고凡其頭目以下ᄅᆞᆯ並置之勿問ᄒᆞ야咸與維新ᄒᆞ도록ᄒᆞ고爾軍隊大小武官과兵卒은卽日還軍ᄒᆞ라

建陽元年二月十一日 奉

勅	內閣總理大臣署理 內務大臣	朴定陽
	軍部大臣	李完用

제256호 부록, 건양 원년 1월 20일

○豫算

內部所管

第一欵 內部本廳

第六項 被服費

一 本項은外套帶劍帽及日覆等을前年度에業已辦備ᄒᆞᆷ으로써本年度豫算中에磨鍊을아이ᄒᆞ니是로以ᄒᆞ야前年度額에比ᄒᆞ면差減ᄒᆞ미有ᄒᆞᆷ

第四欵 警務本廳

一 本部豫算調書ᄅᆞᆯ依ᄒᆞᆫ즉巡檢七百三十名을一千五百名으로增加ᄒᆞᄂᆞᆫ計劃이나此增員은頗過多ᄒᆞᆷ으로二百七十名을增ᄒᆞ야一千名만設置ᄒᆞ니總巡에增員ᄒᆞᆷ과其他廳費와被服費와旅費도從此減定ᄒᆞᆷ

第五欵 警務廳監獄署

第五項 被服諸費

一 看守被服은要求ᄒᆞᄂᆞᆫᄃᆡ로査定ᄒᆞᆷ

囚人被服은旣決人數ᄅᆞᆯ從ᄒᆞ니要求額三百人을二百人으로改定ᄒᆞᆷ

호외, 건양 원년 8월 31일

○宮廷錄事

開國五百四年十月二十一日官報號外

宮廷錄事服制儀注中左갓치改正홈

一 大君主公除後視事服布袍用生布布裹翼善

一 冠笠亦裹布布裹烏犀帶白皮靴燕居服布衣布笠布帶卒哭後視事服白袍翼善冠烏犀帶白皮靴練後燕居服白布衣白布笠白布帶

一 王太子自祥至再朞前白皮靴練前進見服生布直領衣布笠布帶練後進見服白袍白布裹翼善冠白布裹烏犀帶白皮靴

一 王太子妃自祥至再朞前白皮鞋練後進見服白布大袖長裙盖頭頭𦄍白皮鞋

一 宮官卒哭後禫前 東宮進見時白布圓領衣白布裹紗帽白布裹角帶白皮靴祥後再朞前淺淡服

一 百官卒哭後祥前白布靴

제535호, 건양 2년 1월 16일(토요)

○勅令

勅令第七號

開國五百四年度第八十一號 勅令中警務使以下服制를左가치改正添入事

第一條 常衣表에左開혼第一表를添附事

第二條 夏衣表에左開혼第二表를添附事

第三條 警務使以下常袴表는左開혼第三表와가치常衣表之次에添入事

第四條　警務官常帽表橫章欄內에但近衛警務官用黃絨九字와總巡常帽表欄內에 但近衛總巡用黃絨八字를添入事

第一表

<table>
<tr><td rowspan="2">常衣</td><td>名稱</td><td>地質</td><td>胸章</td><td>袖章</td><td>製式</td><td>形狀</td></tr>
<tr><td>巡檢</td><td>濃紺絨</td><td>梨花銅釦左右各五個</td><td>不付線</td><td>襟幅一寸二分袖長止腕關節丈自腿骨上端以下四寸五分裂兩脅之下端三寸五分</td><td>如圖</td></tr>
</table>

第二表

<table>
<tr><td rowspan="2">夏衣</td><td>名稱</td><td>色及地質</td><td>胸章</td><td>袖章</td><td>製式</td><td>形狀</td></tr>
<tr><td>巡檢</td><td>白色品質適宜</td><td>如冬衣</td><td>不付線</td><td>如冬衣</td><td>如圖</td></tr>
</table>

第三表

<table>
<tr><td rowspan="6">常袴</td><td rowspan="2">名稱</td><td rowspan="2">地質</td><td colspan="2">袴　筋</td><td rowspan="2">製式</td><td rowspan="2">形狀</td></tr>
<tr><td>品質</td><td>裝式</td></tr>
<tr><td>警務使</td><td>濃紺絨</td><td>白絨</td><td>七分線 二條
二分線 一條
左右股仝</td><td>上自腰間下止踵後窄濶隨脚部體形</td><td>如圖</td></tr>
<tr><td>警務官</td><td>仝</td><td>仝
但近衛警務官用黃絨</td><td>七分線 二條
左右股仝</td><td>仝</td><td>仝</td></tr>
<tr><td>總巡</td><td>仝</td><td>仝
但近衛總巡用黃絨</td><td>七分線 一條
左右股仝</td><td>仝</td><td>仝</td></tr>
<tr><td>巡檢</td><td>仝</td><td colspan="2">不付線</td><td>仝</td><td>仝</td></tr>
</table>

建陽二年一月十四日

御押　御璽　　奉

勅　　　　議政府議政署理議政府贊政　尹容善

제632호, 건양 2년 5월 10일(월요)

○ 宮廷錄事

詔曰軍制未克大備服裝迄無定規斟酌時宜頒下一副以此制度遵行

建陽二年五月五日

議政府叅政內部大臣　南廷哲

제639호, 건양 2년 5월 18일(화요)

○ 宮廷錄事

本年五月五日軍部服裝頒下一副

詔勅還入

詔曰軍制未克大備服裝汔無有定非所以一軍心而壯軍容也參酌時宜特下規則一部以此定制

建陽二年五月十五日

議政府叅政內部大臣　南廷哲

제639호, 건양 2년 5월 18일(화요)

○ 宮廷錄事

陸軍服裝規則

第一章　總則

第一條　陸軍軍人의服裝은左開四種으로分ᄒᆞᆷ事

一　正裝

二　軍裝

三　禮裝

四　常裝

第二條　軍裝과常裝은將領尉官과下士卒이通共着用ᄒᆞ고正裝과禮裝은將領尉官ᄲᅳᆫ着用ᄒᆞᆯ事

第三條　正裝은左開境遇에着用ᄒᆞᆯ事

一　聖節陣 賀及問 安時

一　各 殿宮 誕辰陣 賀及問 安時

一　節日陣 賀及問 安時

一　圜丘 廟 社 殿 宮動 駕時

一　陵 園 幸行時

一　一應大典禮及 親臨行禮後問 安時

第四條　軍裝은一般軍人이左開境遇에着用ᄒᆞᆯ事

一　出戰及出駐時

一　軍隊入營時

一　衛戍及週番等領軍時

一　中隊以上의 練習時

第五條　禮裝은左開境遇에着用ᄒᆞᆯ事

一 宮內에因公進見時

一 禮節로上官을對ᄒᆞᄂᆞᆫ時

一 各項公式宴會及一應賀儀에臨ᄒᆞᆯ時

第六條　常裝은公私을勿論ᄒᆞ고常着ᄒᆞᆯ事

第七條　夏衣ᄂᆞᆫ炎署際에五月一日로八月晦日ᄭᆞ지常裝及軍裝으로着用ᄒᆞᆷ을得호ᄃᆡ但常衣ᄲᅳᆫ白色을用ᄒᆞ고下服은黑色을仍用ᄒᆞ되內外 宿衛入直의ᄂᆞᆫ白色을着지勿ᄒᆞ며雖平常出入이라도 闕內의不得着白色ᄒᆞᆯ事

第八條　外套ᄂᆞᆫ何許服裝에在ᄒᆞ든지室外에着用을得ᄒᆞᆯ事

官報

但觀兵式과其餘儀式의境遇와或上官의房을除ᄒᆞᆫ外에ᄂᆞᆫ아모房內라도着用을得ᄒᆞᆯ事

第二章　佩着通則

第九條　刀ᄂᆞᆫ乘馬時가아니면房內外을勿論ᄒᆞ고環을刀帶釦鐵에掛ᄒᆞᆯ事

第十條　刀緖ᄂᆞᆫ領官以上은金線製요尉官以下ᄂᆞᆫ黑絲製로ᄒᆞᆯ事

但軍裝常裝에在ᄒᆞ야ᄂᆞᆫ領官以上도黑絲製ᄅᆞᆯ通用ᄒᆞᆯ事

第十一條　正飾緖ᄂᆞᆫ金線製니將官이佩用ᄒᆞᆯ事

第十二條　略飾緖ᄂᆞᆫ淡黃色絹絲製니常裝及軍裝에着用ᄒᆞ기을得ᄒᆞᆯ事

第十三條　懸章은高等官과副官高等官衙와將官以上在ᄒᆞᆫ處所과週番衛戍巡察ᄒᆞᄂᆞᆫ諸將校가何許服裝을勿論ᄒᆞ고佩用호ᄃᆡ右肩으로左脅에斜掛ᄒᆞᄂᆞ니但高等官衙副官은特別히將官을隨從ᄒᆞᄂᆞᆫ時나週番及衛戍巡察은現職에在ᄒᆞᆯ時外에ᄂᆞᆫ懸章을佩用치아니ᄒᆞᄒᆞ며週番尉官은懸章外의六穴砲와劒을佩호ᄃᆡ雖夜深이라도不得解着ᄒᆞᆯ事

第十四條　手套ᄂᆞᆫ白革製가定式이나但常裝과軍裝으로平時事務演習中에在ᄒᆞ야ᄂᆞᆫ茶色革製나惑無大小製도用ᄒᆞᆯ事

第十五條　下襟은何許服裝에在ᄒᆞ든지白布製을用ᄒᆞᆯ事

第十六條　短靴ᄂᆞᆫ반다시袴下로穿호ᄃᆡ留革靴와袴을相連鎖住ᄒᆞᄂᆞᆫᄭᅳᆫ을付着ᄒᆞ고惑乘馬ᄒᆞᄂᆞᆫ者ᄂᆞᆫ短靴長靴을勿論ᄒᆞ고반다시拍車靴後에添付ᄒᆞ야驅馬에用ᄒᆞᄂᆞᆫ鐵機ᄅᆞᆯ付着ᄒᆞᆯ事

第十七條　正裝은左開諸具로ᄒᆞᆯ事

一　帽	一　大禮衣
一　袴	一　大肩章
一　飾帶	一　刀具緖
一　刀帶	一　白革手套

一 白布下襟　一 靴

此服裝으로乘馬ᄒᆞᄂᆞᆫ時에ᄂᆞᆫ其馬裝은左와如ᄒᆞᆯ事

一 頭絡豫備轡及鼻革굴네　一 轡銜지갈轡鎖턱밋사슬

一 韁쟝혁　一 副韁단혁

一 鞍안쟝　一 鞍褥언치

一 鐙등ᄌᆞ　一 靼등ᄌᆞ끈

一 鞍囊걸낭　一 鞍囊外套걸낭덥치

一 腹帶빗씌　一 鞦밀치

一 鞦가심거리

第十八條　軍裝은左開의諸具로ᄒᆞᆯ事

一 帽　一 衣

一 袴　一 刀具緒

一 小肩章　一 刀帶

一 手套　一 下襟

一 五連短銃(黑革俗入帶革)　一 靴

此服裝으로乘馬ᄒᆞᆯ時ᄂᆞᆫ其馬裝은左와如ᄒᆞᆯ事

一 頭絡豫備轡鎖鼻革은除ᄒᆞᆯ事　一 副銜

一 轡銜轡鎖　一 副韁

一 韁　一 鞍褥

一 鞍鞍尾ᄂᆞᆫ付치아니ᄒᆞᆯ事　一 靼

一 鐙　一 腹帶

一 鞍囊　一 鞦

一 鞦　一 野繫바

一 旅囊힝장 걸낭

第十九條　背囊은下士以下兵卒가지軍裝의負호ᄃᆡ背囊을負ᄒᆞᄂᆞᆫ者ᄂᆞᆫ背囊에雨覆천의나或外套두루마기를附着ᄒᆞ고或背囊을負

치아닌者는雨覆나或外套를貼ᄒᆞ야左肩으로右脅下의斜掛ᄒᆞᆯ事

週番衛巡察等은下士以下라도時宜를依ᄒᆞ야背囊을負치아니ᄒᆞ야도亦可ᄒᆞᆯ事

第五章　禮裝

第二十條 禮裝은左開諸具로ᄒᆞᆯ事

一 帽　　一 大禮服

一 小肩章　　一 袴

一 刀具緒　　一 刀帶

一 白革手套　　一 下襟

一 靴

此服裝으로乘馬ᄒᆞᄂᆞᆫ時ᄂᆞᆫ其馬裝은正裝ᄒᆞᄂᆞᆫ時와同ᄒᆞ나但鞍囊外覆와鞦과鞦를除ᄒᆞ고此境遇에ᄂᆞᆫ通常遊步馬具를用ᄒᆞ야도亦可ᄒᆞᆯ事

第六章　常裝

第二十一條　常裝은左開諸具로ᄒᆞᆯ事

一 帽　　一 衣

一 袴　　一 刀具緒帶

一 手套　　一 下襟

一 靴

此服裝으로乘馬ᄒᆞᆯ時ᄂᆞᆫ隨宜ᄒᆞ야通常鞍具를用ᄒᆞᆯ事

第二十二條　會計官及醫官의服裝은此規則에依ᄒᆞᆯ事

第七章　喪章

第二十三條　喪章은正裝禮裝軍裝常裝을照前着用호되其表章ᄒᆞᄂᆞᆫ儀式은左開와如홀事

一 帽　金銀絲繡飾은黑絹으로褁遮홀事

一 衣　左臂上의二寸廣黑色布로圍繞纏褁ᄒᆞ며金絲繡飾은黑絹으로褁遮홀事

一 肩章　黑絹으로褁遮홀事

一 刀　柄의二寸廣兩尺長黑色布을纏홀事

一 手套　灰色을用홀事

此儀式은國恤成服日로始ᄒᆞ야除服日가지用ᄒᆞ며若或宮內에셔私服을遭ᄒᆞ샤喪章을用ᄒᆞ시ᄂᆞᆫ境遇에ᄂᆞᆫ公除前陛現時ᄲᅮᆫ着用할事

陸軍將卒服裝製式

第一　正帽

頂盖及上半部ᄂᆞᆫ黑絨質이요下半部ᄂᆞᆫ紅絨質이요沿邊은黑革이니其表章은左開와如홀事

頂盖에中心은紅質金飾李花章이요其外邊은周圍金線兩股織이요上半部楕圓處ᄂᆞᆫ前後左右로竪金線兩股織이니將官은各三條요領官은二條요尉官은一條下半部橫金線兩股織이니竪線接聯ᄒᆞᆫ處에一條를除ᄒᆞᆫ外에ᄂᆞᆫ大將은九條요副將은八條요叅將은七條요正領은六條요副領은五條요叅領은四條요正尉은三條요副尉는二條요叅尉는一條요正面表章은黑質楕圓形이니中心은銀線金蕊李花繡章이요左右ᄂᆞᆫ金葉銀葩像生槿花兩枝繡章을交叉同結ᄒᆞ고頤紐를金絲圓織이요左右釦子各一箇ᄂᆞᆫ鍍金鑄製槿花로홀事

會計官軍醫等의帽子下半部ᄂᆞᆫ各其袴縫色을從홀事見下第五

官報

第二　常帽

形式과品質은正帽와同호딕但頂盖周圍線과上半部竪線과下半部橫線은黑絲匾織이요正面表章은鍍金鑄製요頤紐은黑絲圓織으로홀事

下士는正副叅同形式이將校와同호딕竪線橫線은無ᄒ고下部紅絨質은兩條로分ᄒ딕下廣八分上狹二分ᄒ고正面表章은鍍金鑄製李花形이요頤紐은黑革으로ᄒ며兵卒은下士의帽와同ᄒ되下部紅絨質은單條八分으로홀事

第三　大禮衣

品質은黑絨이요釦子는黑絲圓織이요結頭는槿花形이요衣領과袖口는紅絨緣이요左右襟及下邊은黑絲廣織緣이니表章은左와如홀事

衣領章은將官은上端沿邊處에正倒己字形金絲繡緣이요下端은一字形金絲繡線雙條요正中은一條요領官은上端에一字形金絲繡線一條요下端은二條요尉官은上下端에金絲繡線各一條로홀事

袖章은人字形金絲繡線이니大將은九條요副將은八條요叅將은七條요正領은六條요副領은五條요叅領은四條요正尉는三條요副尉는二條요叅尉는一條요人字線上頭는幷金絲繡製槿花章으로홀事

第四　常衣

製度와品質은大禮衣와同ᄒ되但純黑色이요衣領章은無ᄒ고袖章은黑絲織으로홀事

下士以下는製式이將校와同ᄒ되釦子는隱釦ᄲᅮᆫ이요袖章은紅色一字形으로ᄒ되正校는下一條五分上三條各二分요副校는下一條上二條요參校는下一條上一條로ᄒ며兵丁은二分廣으로ᄒ되上等兵은三條요一等兵은二條요二等兵은一條로홀事

第五　袴

品質은黑絨이요縫章은左開와如홈事

將官은三條요左右二條는廣各七分中一條三分領官은二條요廣各七分尉官以下는一條니尉官는廣一村이요下士는廣六分이요兵卒은廣三分이니紅色이요騎兵은綠色이요砲兵은黃色이요工兵은紫色이요軍司는靑色이요軍醫는玉色으로홈事

第六　大禮肩章

品質은金絲廣織이요形式은上頭長方形과下頭橢圓形이合成鈕子形ᄒᆞ고上頭에鍍金鑄製李花釦子一箇요將官은下頭에金絲綱織下垂가有ᄒᆞ고領官以下는無ᄒᆞ고其表章은左開와如홈事

將官은下頭橢圓形上에銀絲繡製로像生槿花葉兩枝를交叉同結ᄒᆞ고正中은紅黑色太極이요銀絲繡星을大將은左右各三個요副將은各二個요叅將은各一個요領官은枝葉太極은將官과同ᄒᆞ고銀絲繡箭을正領은各三個요副領은各二個요叅領은各一個요尉官은枝葉은無ᄒᆞ고紅黑色太極뿐이요銀絲繡箭을正尉는左右各三個요副尉는各二個요叅尉는各一個로홈事

第七　小禮肩章

品質은紅絨金線이요形式은長方形이니其中心表章은大禮肩章과同홈事

下士는品質은紅絨質이요形式은上頭는八角半形이요下頭는長方形이니上邊에鍍金鑄製槿花形釦子一個요釦子下黃絨橫線은正校三條요副校二條요叅校一條요橫線下에隊號를國文으로識別ᄒᆞ되黃絨으로ᄒᆞ며兵卒은下士와同ᄒᆞ되但黃絨橫線은無홈事

第八　外套

品質은黑絨銀鈕요袖章은左開와如홈事

將官은銀星三個요領官은二個요尉官은一個요袖端은赤線一條요其上頭에將官은金線兩股織三條요領官은二條요尉官은一條로홈事

第九　刀

刀柄에鍍金槿花葉이요前後面에正中은太極이니將官은全體를雕刻ᄒᆞ고領官은半分이요尉官은三分之一이요刀帶는將官은金絲廣織이요領尉官은幷黑革으로홈事

第十　刀緖

刀緖는將領官은金絲圓織이요尉官以下는黑絲圓織으로홈事

第十一　飾帶

品質은赤絲廣織이요下垂는將官은銀絲垂織이요領官은靑絲紉이요尉官은黃絲紉으로홈事

第十二　馬裝

鞍褥鞍囊은黑絨質이요褥緣은將官은金絲區織이요領官은赤絨廣狹各一條요尉官은一條로홈事

제850호, 광무 2년 1월 19일(수요)

○勅令

勅令第三號

第七條　新入監ᄒᆞᄂᆞᆫ者가有ᄒᆞᄂᆞᆫ時ᄂᆞᆫ監獄署長이看守長으로ᄒᆞ야금名籍表에其要項을詳記케ᄒᆞ고身體와衣服等을搜檢ᄒᆞ야利器及他物件을隱匿挾帶의有無를詳檢케ᄒᆞᆯ事

帳簿에詳載ᄒᆞ엿다가判決된後卽地出給ᄒᆞᆯ事

第十七條　己決囚의衣類와臥具ᄂᆞᆫ貸與ᄒᆞ고食糧은一日銅貨八錢式定給ᄒᆞᆯ事

第十八條　未決囚의衣服은自辦으로ᄒᆞ며臥具ᄂᆞᆫ貸與ᄒᆞ고重罪와依賴가無ᄒᆞ야衣食을自辦치못ᄒᆞᄂᆞᆫ境에ᄂᆞᆫ各該裁判官이監獄署長에게通知ᄒᆞ야周給ᄒᆞ며署長이時時로獄囚의情況을査閱ᄒᆞ야如此ᄒᆞᆫ境에ᄂᆞᆫ各該裁判所에申告ᄒᆞ야指示를待ᄒᆞ야施行케ᄒᆞᆯ事

제914호, 광무 2년 4월 4일(월요)

○宮廷錄事

詔曰

景孝殿

山陵禫後三周祭內朝夕上食晝茶禮及朔望俗節五大享親行時

東宮攝行時上下服色以淺淡服烏角帶白皮靴磨鍊

四月一日

官報

제981호, 광무 2년 6월 21일(화요)

○勅令

勅令第二十號

出使各國外交官領事官以下官員服章式

第一條 大禮服은有揚黑盤領窄袖袍紗帽品束帶珮佩垂靴子

駐紮ᄒᆞ는各國에셔 陛見ᄒᆞᆯ時에着用ᄒᆞᆷ이라

第二條 小禮服은無揚黑盤領窄袖袍紗帽品束帶靴子

駐紮ᄒᆞ는各國에셔常禮에隨便着用ᄒᆞᆷ이라

第三條 通常服은各樣衣冠帶履

公館에駐在ᄒᆞᆯ時와凡常交際에隨便着用ᄒᆞᆷ이라

光武二年六月十八日

御押 御璽 奉

勅 議政府叅政內部大臣 朴定陽

제1147호, 광무 3년 1월 2일(월요)

○宮廷錄事

詔曰開國五百六年五月十五日特下陸軍服裝規則中肩章式如左改正

光武二年十二月三十日

議政府叅政 徐正淳

陸軍將卒服裝製式

第六　大禮肩章

品質은金絲廣織이오形式은上頭長方形과下頭楕圓形而合成鍤子形ᄒᆞ고上頭에鍍金鑄製梨花釦子一箇요將「領」官은下頭에金線綱織下垂가有ᄒᆞ고「尉官은」無ᄒᆞ고其表章은左開와如ᄒᆞᆯ事

將官은下頭楕圓形上에銀絲繡製로像生槿花葉兩枝를交叉同結ᄒᆞ고正中은紅黑色太極이요銀絲繡星을大將은左右各三個요副將은各二個요叅將은各一個요領官은枝葉太極은將官과同ᄒᆞ고銀絲繡箭를正領은各三個요副領은各二個요叅領은各一個요尉官은枝葉은無ᄒᆞ고紅黑色太極ᄲᅮᆫ이요銀絲繡箭을正尉은左右各三個요副尉은各二個요叅尉는各一個로ᄒᆞᆯ事

第七　小禮肩章

品質은紅絨金線이요形式은長方形이니其中心表章은大禮肩章과同ᄒᆞᆯ事

下士는品質은紅絨質이요形式은上頭는八角半形이요下頭는長方形이니上邊에鍍金鑄製槿花形釦子一個요釦子下黃絨橫線은正校三條요副校二條요叅校一條요橫線下에「聯」隊號를國文으로識別ᄒᆞ되黃絨으로ᄒᆞ며兵卒은下士와同ᄒᆞ되但黃絨黃線은無ᄒᆞᆯ事

제1220호, 광무 3년 3월 28일(화요)

○勅令

勅令第六號

警務使以下本廳及各港口警務官의禮帽及禮裝을頒布ᄒᆞᄂᆞᆫ事

第一條　禮帽는左開ᄒᆞᆫ第一表와禮裝은左開ᄒᆞᆫ第二表와如ᄒᆞᆫ事

第二條　左開ᄒᆞᆫ境遇에着用ᄒᆞᆯ事

官報

一　聖節陣　賀及問　安時

一　各　殿宮　誕辰陣　賀及問　安時

一　節日陣　賀及問　安時

一　圜丘　廟　社　殿　宮動　駕時

一　陵園　幸行時

一　一應大典禮及　親臨行禮後問　安時

一　宮內因公進見時

一　禮節로上官을對ᄒᆞᄂᆞᆫ時

一　各項公式宴會及一應　賀儀에臨ᄒᆞᆯ時

第三條　本令은頒布日로부터施行ᄒᆞᆯ事

光武三年三月十八日

御押　　御璽　　奉

勅　　　議政府叅政　沈相薰

第一表

禮　帽		
名稱	警務使	警務官
地質	上半部 濃紺絨 下半部 白絨沿邊黑革	仝
頂盖李花	白質金舫外邊周圍金線兩股織	仝
線章	上半部接圓處前後左右竪金線兩股織各三條 下半部横金線區織七分大線二條金線兩股織 二分小線二條	仝　但竪金線各二條横七分大線二條小線一條
前章	銀線金蕊李花繡粧	仝
頣紐	金絲圓織左右釦子鍍金鑄製槿花形	仝
眼庇	革 表黑 裏萌 黃	仝
製式	高至頂上五寸 各線之間隙爲一分	仝
形狀	如圖	仝

第二表

禮 裝		
名稱	警務使	警務官
上衣	地質濃紺絨釦子黑絲圓織結頭槿花形衣領金絲品質 表章紅絲繡線線如ㅠ字繼中劃形四條袖口紅絨緣左右襟及下邊黑絲廣織緣肩章品質金絲廣織上頭下端如半月形正中銀絲繡飾李花四個 袖章金絲區織一條金絲繡線又字形四條又字形上端金線繡飾李花一個	仝 但表章紅絲繡線三條 肩章銀絲繡飾李花三個 袖章金絲繡線三條
袴	仍舊	仝 但近衛用黃絨線
飾帶	品質赤絲廣織下垂赤絲紉 垂上金絲環二個	仝
刀	柄鍍金槿花葉前後面正中雕刻太極半部 緒金線帶革	仝 但前後面正中雕刻太極三分二
手套	白革	仝
靴	短靴	仝
製式	衣上自項下至臀濶窄隨體形袖口紅線三寸 肩章長五寸廣三寸袖章長五寸廣三寸五分 飾帶長五尺五寸垂絲長七寸金絲環長三寸 刀緒長一尺六寸垂二寸 手套及靴大小量宜	仝
形狀	如圖	仝

제1220호, 광무 3년 3월 28일(화요)

○勅令

勅令第九號

開國五百四年度第八十一號 勅令中警務使警務官總巡의服製를左갓치改定事

第一條 警務使警務官總巡巡檢의常帽는左開ᄒᆞᆫ第一表와警務使警務官總巡의常裝은左開ᄒᆞᆫ第二表와如ᄒᆞᆯ事

第二條　常帽常裝은視務時에着用홀事

第三條　冬夏袴는舊表에依ᄒᆞ야仍用홀事

第四條　刀는 乘馬時가아니면房內外를勿論ᄒᆞ고環을刀帶鈎鐵에掛홀事
但權任巡檢의帽裝은本表와如ᄒᆞ되常帽横章에白絨七分横線一條를餙ᄒᆞ고常裝上衣에黑毛七分幅己腹을附ᄒᆞ고袖章에黑絲一條를餙ᄒᆞ고夏衣에는袴만白色을用호되 近衛入直과平常出入이라도 闕內에는白色을勿着홀事

第五條　外套는左開ᄒᆞᆫ第三表와如홀事
但外套는何許服裝에在ᄒᆞ던지室外에着用ᄒᆞ고上官의房에는勿着홀事

第六條　六港口警務官總巡과三十道總巡의服製도一切改正홀事

第七條　本令은頒布日노븟터施行홀事

光武三年三月二十六日

御押　御璽　奉

勅　議政府議政臨時署理贊政學部大臣　申箕善

第一表

常帽				
名稱	警務使	警務官	總巡	巡檢
地質	濃紺絨	仝	仝	仝
横章	上半部接聯處圍白線 下半部黃白絨大線二條小線二條	仝 但白絨大線二條小線一條 但近衛用黃絨	仝 但白絨大線二條 但近衛用黃絨	仝 但白絨小線一條 但近衛用黃絨
前章	鍍金鑄製李花形	仝	仝	仝
眼庇	革 表黑裡萌黃	仝	仝	仝
頤紐	黑絲圓織左右鈕子 鍍金鑄製槿花形	仝	仝	仝
製式	高至頂上五寸各線之間隙一分	仝	仝	仝

形狀	如圖	仝	仝	仝

第二表

常裝			
名稱	警務使	警務官	總巡
上衣	品質濃紺絨 釦子黑絲圓織結頸槿花形 左右襟及下邊黑絲廣織緣 袖章黑絲區織一條黑絲又字形四條	仝 但袖章黑絲二條	仝 但袖章黑絲二條
袴	仍舊	仝	仝
刀	柄鍍金槿花葉前後面正中雕刻太極半部 緖黑絲帶革	仝 但前後面正中雕刻太極三分二	仝 但前後面正中雕刻太極三分一
六穴砲		仝	仝
手套	白革或用茶色革及印度膏製	仝	仝
靴	短靴惑 長靴	仝	仝
製式	衣上自項下至臂濶窄隨軆形袖章長五寸廣三寸五分 刀緖長一尺六寸垂二寸 手套及靴大小量宜	仝	仝
形狀	如圖	仝	仝

第三表

外　套			
名稱	警務使	警務官	總巡
地質	濃紺絨	仝	仝
胸章	左右金釦各七個	仝	仝
袖章	鍍金星形三個白絨小線三條	星形二個 小線二條	星形一個 小線一條
製式	橢圓形	仝	仝
形狀	如圖	仝	仝

○宮廷錄事

詔曰以軍制事昨歲己有詔勅而因時制宜求合於時有未可膠守故常亦未可舠新立異今各國軍制未必師古而其訓練操制之精嚴亦要不出乎古所以叅互斟酌輯爲元帥府規則一編而頒下其各欽遵毋違

光武三年六月二十二日

議政府叅政　閔種黙

元帥府官制

大皇帝陛下게옵셔

大元帥이시니軍機를總攬ᄒᆞ사陸海軍을統領ᄒᆞ시고

皇太子殿下게옵셔

元帥이시니陸海軍을一例統率ᄒᆞ사 元帥府를設置ᄒᆞ심이라

第三款

第四條 元帥府에屬ᄒᆞᆫ武官의服裝은左와如ᄒᆞᆷ이라

一 帽子　御用帽子와同一式樣으로ᄒᆞ되品表만階級에從ᄒᆞᆷ이라

二 肩章　御用肩章과同一式樣으로ᄒᆞ되尉官은垂가無ᄒᆞᆷ이라

三 飾帶　將官은黃色에銀絲로李花를加飾ᄒᆞ고領尉官은黃色만用ᄒᆞᆷ이라

四 飾緖　將領尉官이一體佩用ᄒᆞᆷ이라

五 本條規定ᄒᆞᆫ者外에ᄂᆞᆫ陸軍服裝規則에依ᄒᆞᆷ이라

○勅令

勅令第十三號

勳章條例

第一章　勳位勳等

第一條　勳位勳等은功績과勳勞가有ᄒᆞᆫ者ᄅᆞᆯ賞ᄒᆞ기爲ᄒᆞ야設ᄒᆞᆫ바階級이니勳等을隨ᄒᆞ야各種勳章을佩用케ᄒᆞᆯ事

第二條　勳等은大勳位와勳及功三種으로定ᄒᆞᆯ事

第三條　勳과功은各其左開八等으로分ᄒᆞᆯ事

一等

二等

三等

四等

五等

六等

七等

八等

第二章　勳章名目及敍賜

第一條　勳章名目은左開四種으로分ᄒᆞᆯ事

一　金尺大勳章

一　李花大勳章

一　太極章

官報

一 紫鷹章

第二條 金尺大勳章은無等이니李花大勳章의上에居훌事

第三條 金尺大勳章은

皇室셔佩用ᄒᆞ고 皇親及文武官中李花大勳章을佩ᄒᆞᆫ者가特別勳勞가有ᄒᆞᆫ時난

特旨로 敍賜ᄒᆞ시기도훌事

第四條 李花大勳章은無等이니太極章의上에居훌事

第五條 李花大勳章은文武官中太極一等章을佩ᄒᆞᆫ者가特別勳勞가有ᄒᆞᆫ時는

特旨로敍賜훌事

第六條 太極章은一等으로始ᄒᆞ야八等에止ᄒᆞ니文武官中勳等을隨ᄒᆞ야授與ᄒᆞ되左開에依훌事

一 一等章은各府部大臣一品官吏及陸海軍將官中二等勳을旣敍ᄒᆞ고在職五年以上勳勞ᄒᆞᆫ者를敍賜훌事

二 二等章은文武官中三等勳을旣敍ᄒᆞ고在職五年以上勤勞ᄒᆞᆫ者를敍賜훌事

三 三等勳은文武官中四等勳을旣敍ᄒᆞ고在職四年以上勤勞ᄒᆞᆫ者를敍賜훌事

四 四等勳은文武官中五等勳을旣敍ᄒᆞ고在職四年以上勤勞ᄒᆞᆫ者를敍賜훌事

五 五等勳은文武官中六等勳을旣敍ᄒᆞ고在職四年以上勤勞ᄒᆞᆫ者를敍賜훌事

六 六等勳은文武官中七等勳을旣敍ᄒᆞ고在職三年以上勤勞ᄒᆞᆫ者를敍賜훌事

七 七等勳은文武官中八等勳을旣敍ᄒᆞ고在職三年以上勤勞ᄒᆞᆫ者를敍賜훌事

八　八等勳은文武官中在職三年以上勤勞ᄒᆞᆫ者ᄅᆞᆯ初授ᄒᆞᆯ事

九　勅任一等官五年以上勤勞者와勅任二等官六年以上勤勞者와勅任三等官七年以上勤勞者에ᄂᆞᆫ三等章을初授ᄒᆞᆯ事

十　勅任四等官八年以上勤勞者에ᄂᆞᆫ四等章을初授ᄒᆞᆯ事

十一　奏任官三等以上과陸海軍領官中九年以上勤勞ᄒᆞᆫ者에ᄂᆞᆫ五等章을初授ᄒᆞᆯ事

十二　奏任官六等以上과陸海軍尉官中九年以上勤勞ᄒᆞᆫ者에ᄂᆞᆫ六等章을初授ᄒᆞᆯ事

十三　判任官滿十二年勤勞ᄒᆞᆫ者에ᄂᆞᆫ七等章을初授ᄒᆞᆯ事

十四　判任官待遇者와陸海軍下士中超羣ᄒᆞᆫ効勞가有ᄒᆞᆫ者에ᄂᆞᆫ八等章을初授하고或巡檢兵卒中에도特別ᄒᆞᆫ功績이有ᄒᆞᆫ時ᄂᆞᆫ此ᄅᆞᆯ授與ᄒᆞᆷ도有ᄒᆞᆯ事

十五　勅奏判任官을勿論ᄒᆞ고非常ᄒᆞᆫ勳勞가有ᄒᆞᆫ時ᄂᆞᆫ本條의各項年限을不拘ᄒᆞ고初授或進級을直行ᄒᆞᆯ事

十六　外國人敍勳은內規로定ᄒᆞᆯ事

第七條　紫鷹章은一等으로始ᄒᆞ야八等에止ᄒᆞ니武功拔羣ᄒᆞᆫ者의功等을 隨ᄒᆞ야敍賜ᄒᆞ되左開에依ᄒᆞᆯ事

一　將官有功者ᄂᆞᆫ功三等에初敍ᄒᆞ고武功加ᄒᆞᆷ을隨ᄒᆞ야逐次進級ᄒᆞ되特異ᄒᆞᆫ者의게
特旨로敍賜ᄒᆞ심은此限에不在ᄒᆞᆯ事

二　領官有功者의初敍ᄂᆞᆫ功五等이오尉官은功六等으로ᄒᆞ고武功加ᄒᆞᆷ을隨ᄒᆞ야 逐次進級ᄒᆞ되領官은功二等이며尉官은功三等까지止ᄒᆞᆷ을得ᄒᆞᆯ事

三　准士官下士及兵卒의初敍ᄂᆞᆫ功八等으로ᄒᆞ고武功加ᄒᆞᆷ을隨ᄒᆞ야逐次進級ᄒᆞ되准士官下士ᄂᆞᆫ功五等이며兵卒은六等까지止ᄒᆞᆷ을得ᄒᆞᆯ事

四　將校相當官及軍屬은將校或下士에准ᄒᆞ야敍賜ᄒᆞᆯ事

五　戰時에武功拔羣ᄒᆞᆫ者ᄂᆞᆫ本條各項初敍例ᄅᆞᆯ不拘ᄒᆞ고一等에敍賜ᄒᆞᆷ도得ᄒᆞᆯ事

第八條　勳章은各其本人만佩ᄒᆞ고子孫傳襲을許치하닐事

第九條　記章은定名이無ᄒᆞ고事機ᄅᆞᆯ因ᄒᆞ야臨時頒給ᄒᆞᆷ을得ᄒᆞᆯ事

第十條　表勳院에셔各府部院廳에知照ᄒᆞ야各該長官及所管官吏의履歷書ᄅᆞᆯ調製送附ᄒᆞ기ᄅᆞᆯ要ᄒᆞ야敍勳ᄒᆞᆯ만ᄒᆞᆫ勞績有無ᄅᆞᆯ常時檢査ᄒᆞ야議定官會議ᄅᆞᆯ經ᄒᆞᆫ後에每年에分兩次 奏敍호ᄃᆡ定期ᄂᆞᆫ一月七月中으로ᄒᆞᆯ事

第十一條　非常勳勞或不時事會ᄅᆞᆯ因ᄒᆞ야定期ᄅᆞᆯ待ᄒᆞ지못ᄒᆞᆯ境遇에ᄂᆞᆫ特旨ᄅᆞᆯ因하야臨時 奏敍ᄒᆞᆯ事

第三章　勳章佩用

第一條　金尺大勳은 正副兩章이니其正章은大綬로써佩ᄒᆞ되右肩에셔左脇에垂ᄒᆞ고其副章은左肋에佩ᄒᆞᆯ事

第二條　李花大勳은 正副兩章이니其正章은大綬로써佩ᄒᆞ되右肩에셔左脇에垂ᄒᆞ고其副章은左肋에佩ᄒᆞᆯ事

第三條　太極章은左開에依하야佩用ᄒᆞᆯ事

一　一等正副兩章이니其正章은大綬로뻐右肩으로左脇에垂ᄒᆞ고其副章은左肋에佩ᄒᆞᆯ事

二　二等은正副兩章이니其正章은右肋에佩ᄒᆞ고其副章은中綬로뻐喉下에佩ᄒᆞᆯ事

三　三等은中綬로써喉下에佩ᄒᆞᆯ事

四　四等至八等은小綬로써左肋에佩ᄒᆞᆯ事

第四條　紫鷹章은左開에依ᄒᆞ야佩ᄒᆞᆯ事

一　一等正副兩章이니其正章은大綬로써左肩으로右脇에垂ᄒᆞ

고其副章은左肋에佩홀事

二　二等은正副兩章이니其正章은右脇에佩ᄒᆞ고其副章으로써喉下에佩홀事

三　三等至八等章은小綬로써左肋에佩홀事

第五條　一等章을有ᄒᆞᆫ者가다시別種의一等章을受홀時ᄂᆞᆫ後受ᄒᆞᆫ一等章의正章副章과前受ᄒᆞᆫ一等章의副章과幷佩홀事

第六條　二等章以下章을有ᄒᆞᆫ者가다시同種의上級章을受ᄒᆞᆫ時ᄂᆞᆫ其下級章의佩用을止ᄒᆞ고別種의同等이나或上級章을受ᄒᆞ면幷佩홀事

第七條　二等章或一等의副章兩個以上을幷佩홀時ᄂᆞᆫ後受者ᄅᆞᆯ前受者의位置右에列佩홀事

第八條　三等章兩個以上을幷佩홀時ᄂᆞᆫ後受者ᄅᆞᆯ前受者의位置上에佩홀事

第九條　四等章以下兩個以上을幷佩홀時ᄂᆞᆫ後受者ᄅᆞᆯ前受者의位置右에佩ᄒᆞ고其從軍記章이나或褒章을有ᄒᆞᆫ者ᄂᆞᆫ勳章位置左에佩홀事

第十條　勳章은男子ᄂᆞᆫ大禮服과通常禮服着用時에佩ᄒᆞ고從軍記章과褒章을有ᄒᆞᆫ者도亦同홀事

第十一條　勳章은婦人은大中小禮服着用時에佩ᄒᆞ되一等勳章을有ᄒᆞᆫ者가大禮服에ᄂᆞᆫ大綬章及副章을佩ᄒᆞ고中小禮服과通常禮服에ᄂᆞᆫ時宜에因ᄒᆞ야副章만佩홈도有ᄒᆞ고二等以下의勳章을有ᄒᆞᆫ者ᄂᆞᆫ通常禮服着用時에도佩홈이有홀事

第十二條　外國勳章佩用法은各其國條規에依홀事

第十三條　我勳章을有ᄒᆞᆫ者가他國勳章만佩치못홀事

第十四條　彼我의大綬章을有ᄒᆞᆫ者ᄂᆞᆫ彼의大綬章은不佩ᄒᆞ고其所屬副章만我副章位置下나或其次에列佩ᄒᆞ되但外交時宜에依ᄒᆞ야彼의大綬章과其副章을佩홀時ᄂᆞᆫ我副章만幷佩홀事

第十五條　彼我의綬ᄅᆞᆯ用치아니하ᄂᆞᆫ勳章을幷佩홀時ᄂᆞᆫ彼의勳章을我의

勳章位置下에나或其次에列佩홀事

第十六條　彼我의喉下에佩홀勳章을幷佩홀時는彼의勳章을我의勳章位置下에佩홀事

第十七條　彼我의左肋에佩홀勳章을幷佩홀時는彼의勳章을我勳章位置左에列佩홀事

第十八條　彼의左肋에佩홀勳章을我從軍記章及褒章과幷佩홀時는彼의勳章位置右에列佩홀事

第十九條　彼의記章과我從軍記章及褒章과幷佩홀時는我從軍記章及褒章位置左에列佩홀事

第二十條　各種勳章과畧章元本勳章의形式과色彩을備혼畧小勳章을謂홈이라은通常禮服着用時나或時宜에因호야連鎖或小綬로써左肋에佩홈을得호고外國勳章의略章도亦同홀事

第二十一條　畧綬는通常禮服着用時에左襟鈕孔에掛佩홀事

第二十二條　畧綬는別種二個以上의勳章을有혼者가各其綬와同色되는絹으로써數個를合製호야佩用호고又內外數種의勳章을有혼者는內外數個合幷혼畧綬를製호야佩用홈을得홀事

第二十三條　我畧綬를佩호고外國勳章佩홈을得지못홀事

第二十四條　同種上級의勳章을授與혼者는其下級의勳章을表勳院에還納홀事

第二十五條　同種上級의勳章을表勳院에서直送혼者는其領票와下級勳章을表勳院에直納홀事

或官廳을經由호야受領혼者는該官廳을經由호야送納홀事

第二十六條　外國人의勳等進級호야同種上級勳章을受혼者도下級의勳章을還納호되外國에在혼者는最近혼我公使館이나或領事館에送交홀事

第二十七條　公使館或領事館에至호야前條勳章을領收홀時는外部를

經由ᄒᆞ야表勳院으로送付ᄒᆞᆯ事

第二十八條 勳章還納에關ᄒᆞᆫ費用은受章者의自辦이오官廳에셔表勳院에付送ᄒᆞᄂᆞᆫ費用은該官廳에셔支辦ᄒᆞᆯ事

第二十九條 勳等進敍ᄒᆞᆫ後下級勳章還納期限은京城에ᄂᆞᆫ二週日以內各地方近道ᄂᆞᆫ五十日遠道ᄂᆞᆫ七十日以內로ᄒᆞ되我國留在ᄒᆞᆫ外國人도亦同ᄒᆞ고外國에在ᄒᆞᆫ者ᄂᆞᆫ第二十六條에依ᄒᆞᆯ事

但進級後身故ᄒᆞᆫ者ᄂᆞᆫ此限에不在ᄒᆞᆯ事

第四章 勳章年金

第一條 特偉ᄒᆞᆫ武功或勳勞잇ᄂᆞᆫ者ᄂᆞᆫ勳章에對ᄒᆞ야年金或一時下賜金을議定附加ᄒᆞᆷ을得ᄒᆞᆯ事

第二條 金尺章李花章太極章에對ᄒᆞᆫ年金은左表에依ᄒᆞᆯ事

大勳位	六百元以上至一千元
勳一等	四百元以上至六百元
勳二等	二百元以上至四百元
勳三等	一百五十元以上至二百元
勳四等	一百元以上至一百五十元
勳五等	八十元以上至一百元
勳六等	五十元以上至八十元
勳七等	三十元以上至五十元
勳八等	十五元以上至三十元

第三條 上條三種勳章에對ᄒᆞ야年金을支給지못ᄒᆞᆯ境遇에ᄂᆞᆫ一時下賜金을施行ᄒᆞ되左表에依ᄒᆞᆯ事

大勳位	二千元以內
勳一等	千一百元以內
勳二等	八百元以內

勳三等	六百元以內
勳四等	五百元以內
勳五等	四百元以內
勳六等	三百元以內
勳七等	二百元以內
勳八等	一百元以內

第四條　紫鷹章에對ᄒᆞᆫ年金은左表에依ᄒᆞᆯ事

功一等	千五百元
功二等	千元
功三等	八百元
功四等	六百元
功五等	四百元
功六等	三百元
功七等	二百元
功八等	一百元

第五條　年金은表勳院總裁가年金證書ᄅᆞᆯ作ᄒᆞ야授與ᄒᆞ되受領者의官職姓名功級과勳等年金額証書의号數와授與ᄒᆞᆫ年月日과年金支給ᄒᆞᆯ地方廳을度支部에通牒ᄒᆞ면該部에셔各該地方廳에通知ᄒᆞᆯ事

第六條　年金支給初年은其証書의日字가六月三十日以前에在ᄒᆞᆫ者ᄂᆞᆫ全額이오七月一日以後에在ᄒᆞᆫ者ᄂᆞᆫ半額을給ᄒᆞᆯ事

第七條　年金受領者死亡이六月三十日以前에在ᄒᆞᆫ者ᄂᆞᆫ半額을給ᄒᆞ고七月一日以後에在ᄒᆞᆫ者ᄂᆞᆫ全額을給ᄒᆞᆯ事

第八條　年金은半額式每年六月十二月兩會에度支部에셔地方廳을經ᄒᆞ야支給ᄒᆞᆯ事

第九條　年金受領ᄒᆞᆫ者가死亡ᄒᆞᆫ時ᄂᆞᆫ其遺族祖父母父母寡婦孤兒에게一年間을繼賜ᄒᆞ되其期限은年金受領者의死亡이六月三十日以前

에在ᄒᆞᆫ者ᄂᆞᆫ七月一日브터始ᄒᆞ야翌年六月三十日에終ᄒᆞ고其死亡이七月一日以後에在ᄒᆞᆫ者ᄂᆞᆫ翌年一月노始ᄒᆞ야十二月三十日에終ᄒᆞᆯ事

第十條　年金受領者가年金을受ᄒᆞᆯ時ᄂᆞᆫ年金證書ᄅᆞᆯ其本籍地或寄留地의地方官廳에示ᄒᆞ야受領者됨을證明ᄒᆞ고該地方廳報告書ᄅᆞᆯ表動院에送呈ᄒᆞᆯ事

但受領者가搬移ᄒᆞᄂᆞᆫ時新舊官廳에請願ᄒᆞ야表動院及度支部에轉報케ᄒᆞᆯ事

第十一條　年金受領ᄒᆞ든者死亡ᄒᆞᆫ後에祖父母父母及寡婦가幷無ᄒᆞ고其孤兒가數名이면其中主祀人의게賜ᄒᆞ되男子ᄅᆞᆯ先ᄒᆞ고女子ᄅᆞᆯ後ᄒᆞ야次序로年長者의게賜ᄒᆞᆯ事

第十二條　榮譽汙辱의所爲로動章을遞奪ᄒᆞᆫ者ᄂᆞᆫ其遞奪日노年金證書ᄅᆞᆯ還收ᄒᆞ야其支給을止ᄒᆞ고輕禁錮及笞一百以下刑을受ᄒᆞ야動章遞奪에ᄂᆞᆫ不至ᄒᆞᆫ者라도其犯罪의訴ᄅᆞᆯ受ᄒᆞ拘留ᄒᆞᆫ日노刑期終ᄒᆞᆫ日ᄭᆞ지年金을停ᄒᆞᆯ事

第十三條　年金受領者가失踪ᄒᆞᆯ時난其踪跡分明ᄒᆞᆫ後에失踪中에可受ᄒᆞᆯ年金을支給ᄒᆞ되年金支給을廢止ᄒᆞᆯ만ᄒᆞᆫ所爲가有ᄒᆞᆷ을認定ᄒᆞᆯ時ᄂᆞᆫ該主管地方廳에셔其年金을執留ᄒᆞ고表動院에報告ᄒᆞᆯ事

第十四條　水火災及盜難等에由ᄒᆞ야年金證書ᄅᆞᆯ紛失ᄒᆞᆯ時ᄂᆞᆫ其事實을該地方廳에具報ᄒᆞ야表動院에轉報ᄒᆞ야證書新製ᄒᆞ기ᄅᆞᆯ請求ᄒᆞᆯ事

第十五條　年金受領者가遞奪을被ᄒᆞᆫ時와死亡ᄒᆞᆫ後繼受者가一個年期滿된時ᄂᆞᆫ證書ᄅᆞᆯ還納ᄒᆞᆯ事

第十六條　年金支給에關ᄒᆞᆫ細則은表動院總裁가院令으로臨時制定ᄒᆞᆯ事

第十七條　現今間에ᄂᆞᆫ本章第二條第三條所載ᄒᆞᆫ年金及下賜金은實施치아닐事

第五章　外國勳章佩用

第一條　外國勳章을領受ᄒᆞ야佩用ᄒᆞ려ᄂᆞᆫ者ᄂᆞᆫ表勳院總裁의게請願ᄒᆞ야其准狀을受홈이可ᄒᆞᆯ事

第二條　佩用請願書에ᄂᆞᆫ勳章勳記와其他關係書類ᄅᆞᆯ添附홈이可ᄒᆞᆯ事

第三條　外國勳章을佩用ᄒᆞ든者가死亡ᄒᆞᆯ時ᄂᆞᆫ三十日以內에其由ᄅᆞᆯ遺族이表勳院에報告홈이可ᄒᆞᆯ事.

第四條　皇親이外國勳章佩用을願ᄒᆞᆯ時ᄂᆞᆫ勳章表記와其他關係書類ᄅᆞᆯ具ᄒᆞ야 宮內大臣을經ᄒᆞ야表勳院總裁의게照會ᄒᆞᆯ事

第五條　表勳院總裁ᄂᆞᆫ勳章과勳記ᄅᆞᆯ審査ᄒᆞ야
上奏裁可ᄅᆞᆯ得ᄒᆞᆫ後에施行ᄒᆞᆯ事

第六條　皇親이外國으로勳章寄贈ᄒᆞᄂᆞᆫ通知ᄅᆞᆯ得ᄒᆞᆫ時ᄂᆞᆫ外部大臣이其由ᄅᆞᆯ表勳院總裁의게通知ᄒᆞᆯ事

第七條　外國記章佩用請願格式도本規例에准據ᄒᆞᆯ事

第六章　勳章年金遞奪及停止

第一條　勳章을有ᄒᆞᆫ者가其榮譽ᄅᆞᆯ汚辱ᄒᆞᄂᆞᆫ行爲가有ᄒᆞ든지重罪輕罪로拘留或保囚等을當ᄒᆞ야勳章勳記及年金을遞奪ᄒᆞᆯ境遇에ᄂᆞᆫ外國勳章도其佩用准狀을沒收ᄒᆞᆯ事

第二條　左開項目에觸ᄒᆞᆫ時ᄂᆞᆫ榮譽ᄅᆞᆯ汚辱ᄒᆞᆫ者로認ᄒᆞᆯ事

一　重罪輕罪의刑에處ᄒᆞᆫ者
但經禁錮及笞一百以下의刑에處ᄒᆞᆫ者ᄂᆞᆫ其所犯ᄒᆞᆫ情狀에依ᄒᆞᆯ事

二　雜技犯으로宣告ᄅᆞᆯ受ᄒᆞᆫ者

三　懲戒例에依ᄒᆞ야免官된者

第三條　上條第一項輕罪에犯ᄒᆞᆫ者ᄂᆞᆫ裁判確定ᄒᆞᆫ後에裁判長官이法部大臣或軍部大臣을經由ᄒᆞ야宣告書와添附ᄒᆞ야表勳院總裁의게

通牒ᄒᆞ고重罪에處ᄒᆞᆫ者ᄂᆞᆫ宣告前에直行通牒ᄒᆞᆯ事

第四條 第二條第二項第三項에觸ᄒᆞᆫ者가有ᄒᆞᆯ時ᄂᆞᆫ所轄長官或地方官이其情狀을表勳院總裁의게通牒ᄒᆞᆯ事

第五條 表勳院總裁ᄂᆞᆫ其通牒을審査ᄒᆞ야重禁錮及懲役以上刑에處ᄒᆞᆫ者ᄂᆞᆫ卽時上 奏ᄒᆞ고輕禁錮及笞一百以下刑에處ᄒᆞᆫ者와第二條第二項第三項에觸ᄒᆞᆫ者ᄂᆞᆫ議定官會議ᄅᆞᆯ待ᄒᆞ야其遞奪當否ᄅᆞᆯ論定ᄒᆞ야遞奪ᄒᆞᆯ者ᄂᆞᆫ 奏請ᄒᆞᆯ事

第六條 經 奏裁可된後ᄂᆞᆫ表勳院總裁가遞奪狀을作ᄒᆞ야當初通知ᄒᆞᆫ長官을經由ᄒᆞ야本人의게傳達케ᄒᆞ고遞奪에不及ᄒᆞᆯ時ᄂᆞᆫ表勳院總裁가遞奪通報ᄒᆞᆫ長官의게通知ᄒᆞᆯ事

但重罪刑에處ᄒᆞᆫ者ᄂᆞᆫ宣告書謄本을添附ᄒᆞᆷ이可ᄒᆞᆯ事

第七條 勳章을有ᄒᆞᆫ者가重罪輕罪의訴ᄅᆞᆯ受ᄒᆞ야拘留된時ᄂᆞᆫ其年月日及事由ᄅᆞᆯ裁判長官이法部大臣或軍部大臣을經由ᄒᆞ야表勳院總裁의게通報ᄒᆞᆷ이可ᄒᆞᆯ事

但放免된時ᄂᆞᆫ其事狀을詳記ᄒᆞ야通報ᄒᆞᆷ이可ᄒᆞᆯ事

第八條 外國勳章佩用准狀을沒收ᄒᆞᆯ時도此格式에准據ᄒᆞᆷ이可ᄒᆞᆯ事

第七章 表章制式

大勳位金尺大綬正章	
章	金質徑二寸五分 太極青紅色金尺十字形 光線及李花白色葉綠色
鈕	金質李花形 白色
環	金質正圓
綬	廣一寸八分 黃質紅邊織

大勳位金尺副章	
章	金銀質徑三寸 太極青紅色金尺十字形光線二重 白色李花白色葉綠色
佩針	銀質

大勳位李花大綬正章	
章	金質徑二寸五分 太極靑紅色光線二重 紅白色李花白色
鈕	金質李花李葉形 花白色 葉綠色
環	金質正圓
綬	廣三寸八分 紅質黃邊織

大勳位李花副章	
章	金銀質徑三寸 太極靑紅色光線二重 紅白色李花白色
佩針	銀質

勳一等太極大綬章	
章	金質徑二寸五分 太極靑紅色 光線白色
鈕	金質李花李葉形 花白色 葉綠色
環	金質正圓
綬	廣三寸八分 紅質紅邊雙靑線間道織

勳二等太極章 兼一等副章	
章	金銀質徑三寸 太極靑紅色 光線二重紅白
佩針	銀質

勳三等太極章 兼二等副章	
章	金質徑一寸八分 太極靑紅色 光線白色
鈕	金質李花李葉形 花白色 葉綠色
環	金質楕圓
綬	廣一寸 紅質紅邊雙靑線間道織

勳四等太極章	
章	金質徑一寸五分 太極靑紅色 光線白色
鈕	金質李花李葉形 花白色 葉綠色
環	金質正圓
綬	廣一寸 紅質紅邊雙靑線間道織

勳五等太極章	
章	金質徑一寸五分 太極青紅色 光線白色
鈕	金質李花李葉形 花白色 葉綠色
環	金質正圓
綬	廣一寸 紅質紅邊雙青線間道織

勳六等太極章	
章	銀質徑一寸五分 太極青紅色 光線白色
鈕	銀質李花李葉形 花白色 葉綠色
環	銀質正圓
綬	廣一寸 紅質紅邊雙青線間道織

勳七等太極章	
章	銀質徑一寸 太極青紅色 光線白色
環	銀質正圓
綬	廣一寸 紅質紅邊雙青線間道織

勳八等太極章	
章	銀質徑一寸 太極青紅色 光線白色
環	銀質正圓
綬	廣一寸 紅質紅邊雙青線間道織

功一等紫鷹章	
章	金質徑二寸五分 太極青紅色槿花淡紅 色葉綠色光線白色
鈕	金質鷹形 淡紫色
環	金質正圓
綬	廣二寸六分 白質白邊雙紅線間道織

功二等紫鷹章 兼一等副章	
章	金銀質徑三寸 太極青紅色槿花淡紅色 葉綠色光線二重白色
佩針	銀質

功三等紫鷹章 兼二等副章	
章	金質徑一寸八分 太極青紅色槿花淡紅 色葉綠色光線白色
鈕	金質鷹形 淡紫色
環	金質正圓
綬	廣一寸二分 白質白邊雙紅線間道織

功四等紫鷹章	
章	金質徑一寸五分 太極青紅色槿花淡紅 色葉綠色光線白色
鈕	金質鷹形 淡紫色
環	金質正圓
綬	廣一寸二分 白質白邊雙紅線間道織

功五等紫鷹章	
章	金銀質徑一寸五分 太極青紅色槿花淡紅 色葉綠色光線白色
鈕	金質鷹形 淡紫色
環	金質正圓
綬	廣一寸二分 白質白邊雙紅線間道織

功六等紫鷹章	
章	銀質徑一寸三分 太極青紅色槿花淡紅 色葉綠色光線白色
鈕	金質鷹形 淡紫色
環	銀質正圓
綬	廣一寸二分 白質白邊雙紅線間道織

功七等紫鷹章	
章	金銀質徑一寸二分 太極青紅色光線白色
鈕	銀質鷹形 淡紫色
環	銀質正圓
綬	廣一寸二分 白質白邊雙紅線間道織

功八等紫鷹章	
章	銀質徑一寸二分 太極青紅色 光線白色
鈕	銀質鷹形 淡紫色
環	銀質正圓
綬	廣一寸二分 白質白邊雙紅線間道織

第八章　勳章綬章圖式略

光武四年四月十九日

御押　　御璽　　奉

勅　　議政府叅政　金聲根

호외, 광무 4년 4월 19일

○勅令

勅令第十四號

文官服裝規則

第一條　武官과警務官을除ᄒᆞᆫ外에ᄂᆞᆫ文官으로被任ᄒᆞᆫ者의服裝은左開三種으로分ᄒᆞᆯ事

一　大禮服

一　小禮服

一　常服

第二條　小禮服과常服은勅奏判任官이通共着用ᄒᆞ고大禮服은勅奏任官ᄲᅮᆫ着用ᄒᆞᆯ事

第三條　大禮服은左開境遇에着用ᄒᆞᆯ事

一　問　安時

一　動　駕動　輿時

一　因公　陛見時

一　宮中賜宴時

第四條　小禮服은左開境遇에着用홀事

一　宮內進見時

一　公式宴會時

一　禮拜上官時

一　私相賀慰時

第五條　常服은左開境遇에着用홀事

一　仕進時

一　燕居時

一　執務時

第六條　大禮服은左開諸具로홀事

一　大禮帽

一　大禮衣

一　下衣

一　大禮袴

一　釰

一　釰帶

一　白布下襟

一　白色手套

第七條　小禮服은左開諸具로홀事

一　眞絲高帽

一　歐制燕尾服

一　下衣

一　袴

第八條　常服은左開諸具로홈事

一　歐制通常帽

一　歐制通常衣

一　下衣

一　袴

第九條　宮內府와外各府部院을勿論ᄒᆞ고大小官人이本規則에服從홀仕

第十條　武官과警官이라도文官으로傳任ᄒᆞᆫ時ᄂᆞᆫ本規則에服從홀仕

但武官은隨宜ᄒᆞ야武官服製도着用흠을得홀事

第十一條　判任官이上第三條境遇를當ᄒᆞ야不得已한時ᄂᆞᆫ小禮服으로大禮服을代ᄒᆞ야着用흠을得홀事

附則

第十二條　本規則은駐箚外國公使館官員부터施行홀事

光武四年四月十七日

御押　御璽　奉

勅　　　議政府叅政　金聲根

호외, 광무 4년 4월 19일

○勅令

勅令第十五號

文官大禮服製式

第一章　上衣

第一條 勅奏任官의上衣地質은深黑紺羅紗니全面은竪襟이고胸部에合

ᄒᆞ고小腹下에至ᄒᆞ야腿骨ᄭᆞ지左右로平分橫割ᄒᆞ고腿骨로斜流ᄒᆞ고後裾가되고邊緣은橫紋金線이니 勅任官은廣이五分으로ᄒᆞ고 奏任官은廣이四分으로ᄒᆞᆯ事

第二條 上衣全面表章은 勅任官은左右襟에半槿花六枝오左右乳部上下에 勅任一等은全槿花六枝오 勅任二等은全槿花四枝오 勅任三等은全槿花二枝오 勅任四等은全槿花가無ᄒᆞ고 奏任官은左右襟間에半槿花四枝오左右乳部上下에全槿花가無ᄒᆞ고一等之六等에俱同ᄒᆞ고以上表章은幷히金絲로繡成ᄒᆞᆯ事

第三條 上衣後面表章은腰下를割ᄒᆞᆫ左右兩端에橫紋金線을回繞ᄒᆞ고後裾分割處兩邊에金製鈕釦各一箇를付着호ᄃᆡ圓徑은七分이오勅奏任官을勿論ᄒᆞ고腰下金線回繞ᄒᆞᆫ內에全槿花二枝오 勅任官은脊部에全槿花一枝를加飾ᄒᆞ되幷히金繡로ᄒᆞᆯ事

第四條 上衣袖章은地質은軟靑色羅紗오袖口로븟터三寸을距ᄒᆞ야橫紋金線一條를繞ᄒᆞ야後部에縫合ᄒᆞ고其內左右半面에槿花各一枝를金繡호ᄃᆡ 勅任官이同ᄒᆞᆯ事

第五條 上衣領章은地質은軟靑色羅紗오橫紋金線二條를付ᄒᆞ고其內에槿花二枝를金繡ᄒᆞ야 勅奏任官이無別ᄒᆞ고 勅任官前部左右로븟터各一幹을另起ᄒᆞ야後部에至ᄒᆞ야兩花가相對ᄒᆞᆯ事

第二章　下衣

第六條 下衣地質은深黑紺羅紗오鈕釦는金製니圓徑은五分이오距離는二寸이니　勅奏任官이差別이無ᄒᆞᆯ事

第三章　袴

第七條 袴의地質은深黑紺羅紗니左右側面에金線을付호ᄃᆡ 勅任官은兩條凸凹紋이오 奏任官은單條凸凹紋이니廣은幷히一寸으로

ᄒᆞᆯ事

第四章　帽

第八條　帽의地質ᄋᆞᆫ黑毛天鵝絨이오式様ᄋᆞᆫ山形이니長ᄋᆞᆫ一尺五寸이오高ᄂᆞᆫ四寸五分으로ᄒᆞ되頭様을視ᄒᆞ야加減이有ᄒᆞ고頂端에飾毛ᄂᆞᆫ 勅任官ᄋᆞᆫ白色이오 奏任官ᄋᆞᆫ黑色으로ᄒᆞᆯ事

第九條　帽의側章ᄋᆞᆫ槿花一枝ᄅᆞᆯ正面으로付ᄒᆞ고幹邊에金製鈕釦ᄅᆞᆯ付ᄒᆞᄃᆡ圓徑ᄋᆞᆫ七分이오沿邊에金線을設ᄒᆞᄃᆡ 勅任官ᄋᆞᆫ凸凹紋이오 奏任官ᄋᆞᆫ無紋이니廣ᄋᆞᆫ幷히三分으로ᄒᆞᆯ事

第五章　劒

第十條　劒章ᄋᆞᆫ二尺六寸五分이니柄ᄋᆞᆫ 勅任官ᄋᆞᆫ白皮며 奏任官ᄋᆞᆫ黑皮

第十條　로ᄒᆞ되金線을螺纒ᄒᆞ니長이四寸五分이오鯉口가二寸六分이오鐺이五寸이오柄頭ᄂᆞᆫ弓形이오環鐺鞻鞘上에 勅任官ᄋᆞᆫ槿花ᄅᆞᆯ雕刻ᄒᆞ고 奏任官ᄋᆞᆫ無ᄒᆞᆯ事

第十一條　劒緖ᄂᆞᆫ 勅任官ᄋᆞᆫ純金絲오 奏任官ᄋᆞᆫ金銀絲로ᄒᆞᆯ事

第十二條　劒帶ᄂᆞᆫ 勅任官ᄋᆞᆫ金織이오 奏任官ᄋᆞᆫ銀織으로ᄒᆞᆯ事

第十三條　以上各種ᄋᆞᆫ圖本을另具ᄒᆞᆫ事

光武四年四月十七日

御押　　御璽　　奉

勅　　議政府叅政　金聲根

제1624호, 광무 4년 7월 12일(목요)

○ 宮廷錄事

詔曰開國五百六年五月十五日特下陸軍服裝規則中大禮衣常衣光武三年

一月十五日改正陸軍大禮肩章製式如左改定

光武四年七月二日

議政府議政　尹容善

陸軍將卒服裝製式

第三　大禮衣

品質은黑絨이요衣長은軆形大小를隨ᄒᆞ야腿骨에至ᄒᆞ고後裾五寸를直割ᄒᆞ야分割處兩傍에長五寸廣一寸紅絨를付着하되上尖下廣ᄒᆞ고鍍金槿花鈕子各三個요鈕子ᄂᆞᆫ鍍金槿花形이니胸部左右에各七個요衣領과袖口ᄂᆞᆫ紅絨緣이요左右襟及後裾分割處ᄂᆞᆫ紅絨線이니表章은左와如ᄒᆞᆯ事

衣領章은將官은上端沿邊處에正倒己字形金絲繡緣이요下端은一字形金絲繡線雙條요正中은一條니左右金絲繡星各三個요領官은上端에一字形金絲繡線一條요下端은二條니左右金絲繡星各二個요尉官은上下端에金絲繡線各一條니左右金絲繡星各一箇로ᄒᆞᆯ事

袖章은紅絨緣上에人字形線이니正倒己字形金絲繡線이요此에金線兩股織이니正倒己字形金絲繡線一條를除ᄒᆞᆫ外大將은九條요副將은八條요叅將은七條요正領은六條요副領은五條요叅領은四條요正尉ᄂᆞᆫ三條요副尉ᄂᆞᆫ二條요叅尉ᄂᆞᆫ一條니人字線頭上에金絲繡製槿花章과金絲廣織緣下에鍍金槿花鈕子三個를幷付着ᄒᆞᆯ事

第四　常衣

製度와品質은大禮衣와同ᄒᆞ되衣領章은無ᄒᆞ고衣領上下端에紅線各一條요左右金絲繡星은銀星으로ᄒᆞ고鈕子ᄂᆞᆫ鍍金槿花形으로左右襟合處에七個요後裾分割處兩傍에付着ᄒᆞᆫ紅絨은黑絨으로ᄒᆞ고紅色으로繞線ᄒᆞ며袖章에金絲緣은黑絲織으로ᄒᆞ되衣領과袖口에紅絨緣과鈕子ᄂᆞᆫ無ᄒᆞᆯ事

第六　大禮肩章

品質은金絲廣織이요形式은上頭長方形과下頭橢圓形이合成鍤子形ᄒᆞ고上頭에鍍金鑄製李花釦子一個요將領官은下頭에金線綱織下垂가有ᄒᆞ고尉官은無ᄒᆞ고其表章은左開와如ᄒᆞᆯ事

將官은下頭橢圓形上에銀絲繡製로像生槿花葉兩枝를交叉同結ᄒᆞ고正中은紅黑色太極이요金絲繡星을大將은左右各三個요副將은各二個요叅將은各一個요領官은枝葉太極은將官과同ᄒᆞ고銀絲繡箭을正領은各三個요副領은各二個요叅領은各一個요尉官은枝葉은無ᄒᆞ고紅黑色太極뿐이요赤絲繡星을正尉ᄂᆞᆫ左右各三個요副尉ᄂᆞᆫ各二個요叅尉ᄂᆞᆫ各一個로ᄒᆞᆯ事

제1704호, 광무4년 10월 30일(토요)

○勅令

勅令第三十九號

警部大臣以下本部及各港口警務官總巡과各觀察府總巡에禮帽及禮裝을依　光武三年三月十日

勅令第六號警務廳服裝를叅互ᄒᆞ야變通ᄒᆞᆫ件을頒布ᄒᆞᄂᆞᆫ事

第一條　禮帽ᄂᆞᆫ左開ᄒᆞᆫ第一表와禮裝은左開ᄒᆞᆫ第二表와如ᄒᆞᆯ事

第二條　左開ᄒᆞᆫ境遇에着用ᄒᆞᆯ事

一　聖節陣　賀及問　安時

一　各　殿宮　誕辰陣　賀及問　安時

一　節日陣　賀及問　安時

一　圜丘　廟　社　殿　宮動　駕時

一　陵園　幸行時

一　一應大典禮及　親臨行禮後問　安時

一　宮內因公進見時

一　各項公式宴會及一應　賀儀에臨ᄒᆞᆫ時

一　禮節로上官을對ᄒᆞᄂᆞᆫ時

第三條　本令은頒布日로부터施行ᄒᆞᆯ事

光武四年十月十日

御押　　　御璽　　　奉

勅　　　　　議政府議政臨時署理贊政內部大臣　李乾夏

第一表

禮帽								
名稱	警部大臣	協辦	勅任局長	奏任局長	警務官監獄署長	外方警務官	總巡看守長	外方總巡
地質	上半部濃紺絨 下半部白絨沿邊黑革	仝	仝	仝	仝	仝	仝	仝
頂盖李花	白質金餙外邊周圍金線兩股織	仝	仝	仝	仝	仝	仝	仝
線章	上半部接圓處前後左右竪金線兩股織各三條 下半部橫金線區織五分大線二條金線兩股織小線八條	仝 金線兩股織小線七條	仝 六條	仝 五條	仝 四條	仝 三條	仝 二條	仝 一條
前章	銀線金蕊梨花繡粧	仝	仝	仝	仝	仝	仝	仝
頤紐	金絲圓織左右釦子鍍金鑄製槿花形	仝	仝	仝	仝	仝	仝	仝
製式	高至頂上五寸各線之間隙隨量爲之	仝	仝	仝	仝	仝	仝	仝
形狀	如圖	仝	仝	仝	仝	仝	仝	仝

第二表

禮帽								
名稱	警部大臣	協辦	勅任局長	奏任局長	警務官監獄署長	外方警務官	總巡看守長	外方總巡
上衣	地質濃紺絨釦子黑絲圓織結頭槿花形衣領紅絨品質表章沿邊金線匾織七分大線正中橫繡金線回字文 肩章品質金絲圓絞織上頭下端如半月形正中銀雕刻大李花心着太極邊列銀鑄三星下端着一朶青雲袖口紅絨緣左右襟及下邊黑絲廣織線 袖章金絲匾織一條金絲兩股織又字形八條又字形上端金絲繡餙李花一個	仝 肩章太極邊拱五星一朶雲 但袖章七條	仝 衣領橫金絲六條肩章拱七星一朶雲 但袖章六條	仝 衣領橫金絲五條肩章無雲 但五條	仝 但四條 但四條	仝 但三條 但三條	仝 但二條 無星 但二條	仝 但一條 但一條
袴	地質濃紺絨白絨線 左右股七分二條中三分一條	仝	仝	仝 七分線二條 左右股	仝 但近衛用黃絨	仝 七分線二條 左右股	仝 但近衛用黃絨 七分線一條 左右股	仝
餙帶	品質赤絲廣織下垂銀絲紉 垂上金絲環三個	仝	仝	仝 下垂玉色絲紉垂上金絲環二個	仝	仝	仝 下垂赤絲紉垂上金絲環一個	仝
刀	柄鍍金槿花葉前後面正中全軆雕刻太極刀帶金絲廣織刀緒金絲製	仝 太極半部	仝	仝 太極三分二	仝	仝	仝 太極三分一	仝
手套	白帶	仝	仝	仝	仝	仝	仝	仝
靴	短靴	仝	仝	仝	仝	仝	仝	仝
製式	衣上自頂下至臀濶窄隨軆形袖口紅線三寸肩章長五寸廣三寸五分餙帶長五尺五寸垂絲長七寸金絲環長三寸	仝	仝	仝	仝	仝	仝	仝

製式	刀長一尺六寸垂二寸 手套及 靴大小量宜	仝	仝	仝	仝	仝	仝	仝
形狀	如圖	仝		仝	仝	仝	仝	仝

제1704호, 광무4년 10월 30일(토요)

○勅令

勅令第三十八號

警部大臣以下本部及各港口警務官總巡과各觀察府總巡에常帽及

常裝을依 光武三年三月二十六日

勅令第九號警務廳服裝를叅互ᄒᆞ야變通ᄒᆞᆫ件을頒布ᄒᆞᄂᆞᆫ事

第一條 常帽ᄂᆞᆫ左開ᄒᆞᆫ第一表와常裝은左開ᄒᆞᆫ第二表와常袴ᄂᆞᆫ左開ᄒᆞᆫ第三表와外套ᄂᆞᆫ左開ᄒᆞᆫ第四表와如ᄒᆞᆯ事

第二條 肩章만添付ᄒᆞᆯ事

第三條 本令은頒布日로붓터施行ᄒᆞᆯ事

光武四年十月十日

御押 御璽 奉

勅 議政府議政臨時署理贊政內部大臣 李乾夏

第一表

常帽									
名稱	警部大臣	協辦	勅任局長	奏任局長	警務官監獄署長	外方警務官	總巡看守長	外方總巡	總巡
地質	上半部濃紺絨下半部白絨	仝	仝	仝	仝 但近衛警務官用黃絨	仝	仝 但近衛總巡用黃絨	仝	上半部俱用濃紺絨下半部白絨小線一條

									但近衛用黃絨
横章	上半部前後左右立黑小線三條下半部接聯以下橫黑外線八條	仝但下半部橫黑小線七條	仝但下半部橫黑小線六條	上半部前後左右立黑小線二條下半部接聯以下橫黑小線五條	仝但下半部橫黑小線四條	仝但下半部橫黑小線三條	上半部前後左右立黑小線一條下半部接聯以下橫黑小線二條	仝但下半部橫黑小線一條	
前章	鍍金鑄製李花形	仝	仝	仝	仝	仝	仝	仝	仝
眼庇	革表黑裡萌黃	仝	仝	仝	仝	仝	仝	仝	仝
頤紐	黑絲兩股織左右鈕子鍍金鑄製槿花形	仝	仝	仝	仝	仝	仝	仝	仝
製式	高至頂上五寸各線之間隙隨量爲之	仝	仝	仝	仝	仝	仝	仝	仝
形狀	如圖	仝	仝	仝	仝	仝	仝	仝	仝

第二表

常裝								
名稱	警部大臣	協辦	勅任局長	奏任局長	警務官監獄署長	外方警務官	總巡看守長	外方總巡
上衣	品質濃紺絨 鈕子黑絲圓織結 頸槿花形 左右襟及下邊黑絲廣織緣	仝 但袖章七條 但肩章七條	仝 但袖章六條 但肩章六條	仝 但袖章五條 但肩章五條	仝 但袖章四條 但肩章四條	仝 但袖章三條 但肩章三條	仝 但袖章二條 但肩章二條	仝 但袖章一條 但肩章一條

	袖章黑絲區織一條黑絲又字形八條 肩章品質白絨上端方橫金絲八條下端如李花形心着太極							
刀	柄鍍金槿花葉前後面正中全軆雕刻太極 刀帶革 刀緒黑絲製	仝 但前後正面雕刻太極半部緒黑絲革帶	仝	仝 但前後面正中雕刻太極三分二	仝	仝	仝 但前後面正中雕刻太極三分一	仝
六穴砲		仝	仝	仝	仝	仝	仝	仝
手套	白革或用茶色革及印度膏製	仝	仝	仝	仝	仝	仝	仝
靴	短靴惑長靴	仝	仝	仝	仝	仝	仝	仝
製式	衣上自頂下至臀濶穿隨體形袖章長五寸廣三寸五分 刀緒長一尺六寸垂二寸 手套及靴大小量宜	仝	仝	仝	仝	仝	仝	仝
形狀	如圖	仝	仝	仝	仝	仝	仝	仝

第三表

常袴							
名稱		警部大臣	協辦	勅任局長	奏任局長 警務官 監獄署長 外方警務官	總巡看守長 外方總巡	巡檢
地質		濃紺絨	仝	仝	仝	仝	仝
袴	品質	白絨	仝	仝	仝 但近衛警務官用黃絨	仝 但近衛總巡用黃絨	

筋	裝式	左右七分線二條中三分線一條 左右股	仝	仝	仝 七分線二條左右股	仝 七分線一條左右股	不付線
製式		上自腰間下至踵後穿濶隨脚部軆形	仝	仝	仝	仝	仝
形狀		如圖	仝	仝	仝	仝	仝

第四表

外套						
名稱	警部大臣	協辦	勅任局長	奏任局長	警務官 監獄署長 外方警務官	總巡看守長 外方總巡
地質	濃紺絨	仝	仝	仝	仝	仝
胸章	左右金釦各七個	仝	仝	仝	仝	仝
袖章	白絨小線一條上頭金絲兩股織三條 金星形三個	仝	仝	仝 但兩股織二條 金星形二個	仝	仝 白絨小線一條上頭金絲兩股織一條 金星形一個
製式	楕圓形	仝	仝	仝	仝	仝
形狀	如圖	仝	仝	仝	仝	仝

호외, 광무 4년 10월 16일

○ 宮廷錄事

掌禮院

璿源殿失火

影幀未及

奉出應行諸事

一

皇帝變服翼善冠黲袍烏犀帶白皮靴

皇太子變服翼善冠黲袍烏犀帶白皮靴哀避

正殿減膳撤樂自今日三日而止事

一

明憲太后

皇太子妃自今日進淺淡服三日而止事

一　宗親文武百官變服淺淡服烏紗帽黑角帶白皮靴三日而止二品以上卽日問

安事

一　當日爲始停朝市去刑戮禁屠殺斷音樂三日而止事

光武四年十月十四日

호외, 광무 4년 10월 16일

○宮廷錄事

議政府議政臣 尹容善謹

奏今此

璿源殿失火後宗親文武百官素服三日而止

事已由掌禮院

奏下矣軍警兩部服裝旣有新式禮制亦應變通二寸廣黑色布左臂上圍繞而纏三日而止事以爲定式何如謹上

奏

光武四年十月十四日奉

제1845호, 광무 5년 3월 27일(수요)

○正誤

官報第一千七百四號 勅令欄內 勅令第三十七號警部禮帽禮裝規則中第

二表禮裝上衣欄內第十行「正中」下에(銀雕刻大李花心着太極邊列銀鑄三星下端着一朶青雲) 二十三字와同第二十二行「肩章」下에(太極邊拱五星一朶雲)九字와同第二十六行「肩章」下에(拱七星一朶雲)六字를删去ᄒᆞ고並以「金絲太極」四字로同第三十行「肩章」下에(無雲)二字는「銀絲」二字로同第三十七行(無星)二字는「青紅絲太極」五字로同第十四行「袖口」에「紅」字는「白」字로同行「緣」字下에「但近衛用黃絨」六字를添入ᄒᆞ야並改付標홈이라

제1864호, 광무 5년 4월 18일(목요)

○勅令

勅令第十號

勳章條例改正件

勳章條例第二章第一條左開二字下에(四)字를删去ᄒᆞ고「五」字를添入ᄒᆞ고本條左開下一太極章次에「一八卦章」四字를添入ᄒᆞ고同第六條太極章下에「과八卦章」四字를添入ᄒᆞ고

第三章第三條太極章下에「과八卦章」四字를添入ᄒᆞ고同第四條左開下二二等次에「三三等은中綬로써喉下에佩홀事」十四字를添入ᄒᆞ고其次(三三)二字는删去ᄒᆞ고「四四」二字를添入ᄒᆞ고

第四章第二條太極章下에「八卦章」三字를添入ᄒᆞ고同第三條上條下에(三)字를删去ᄒᆞ고「四」字를添入ᄒᆞ고

第七章大勳位李花副章制式에佩針下(銀)字는删去ᄒᆞ고「金」字를添入하고同章勳八等에太極章制式次에左開三十一行을添入홈이라

勳一等八卦章	
章	金銀質徑二寸五分 八卦紅色 光線青白色
環	金質正圓
綬	廣三寸八分 淡青質 紅線織

勳二等八卦章 兼一等副章	
章	金銀質徑三寸 八卦紅色 光線青白色
佩針	銀質

勳三等八卦章 兼二等副章	
章	金銀質徑一寸八分 八卦紅色 光線青白色
環	金質楕圓
綬	廣一寸 淡青質 紅線織

勳四等八卦章	
章	金銀質徑一寸八分 八卦紅色 光線青白色
環	金質正圓
綬	廣一寸 淡青質 紅線織

勳五等八卦章	
章	金銀質徑一寸五分 八卦紅色 光線青白色
環	金質正圓
綬	廣一寸 淡青質 紅線織

勳六等八卦章	
章	銀質徑一寸五分 八卦紅色 光線青白色
環	銀質正圓
綬	廣一寸 淡青質 紅線織

勳七等八卦章	
章	銀質徑一寸 八卦紅色 光線青白色
環	銀質正圓
綬	廣一寸 淡青質 紅線織

勳八等八卦章	
章	銀質徑一寸 八卦紅色 光線青白色
環	銀質正圓
綬	廣一寸 淡青質 紅線織

光武五年四月十六日

御押　　御璽　　奉

勅　　議政府叅政　趙秉式

부록, 광무 5년 9월 3일

○ 勅令

光武四年 勅令第十五號中文官大禮服圖式左如

圖式

上衣前面

勅任一等

勅任二等

勅任四等

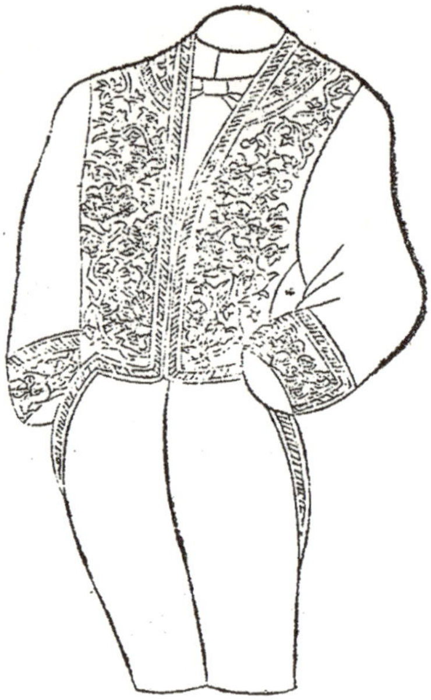

勅任三等

奏任一等至六等

上衣後面

勅任一等至四等

奏任一等至六等

白毛帽

勅任一等至四等

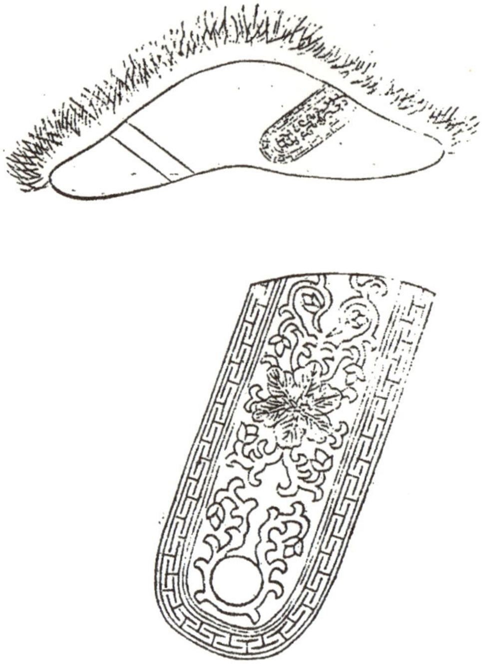

黑毛帽

奏任一等至六等

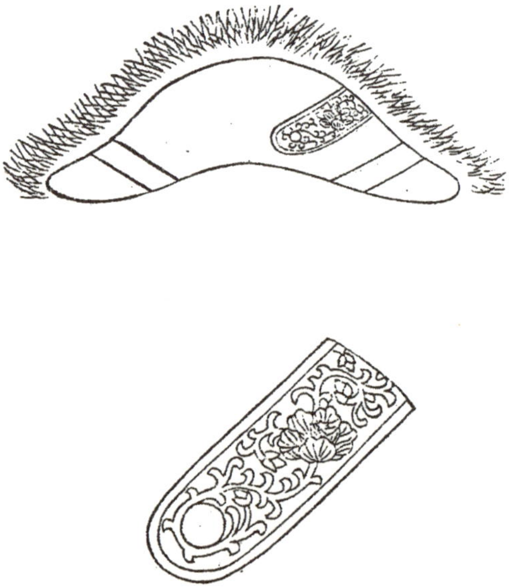

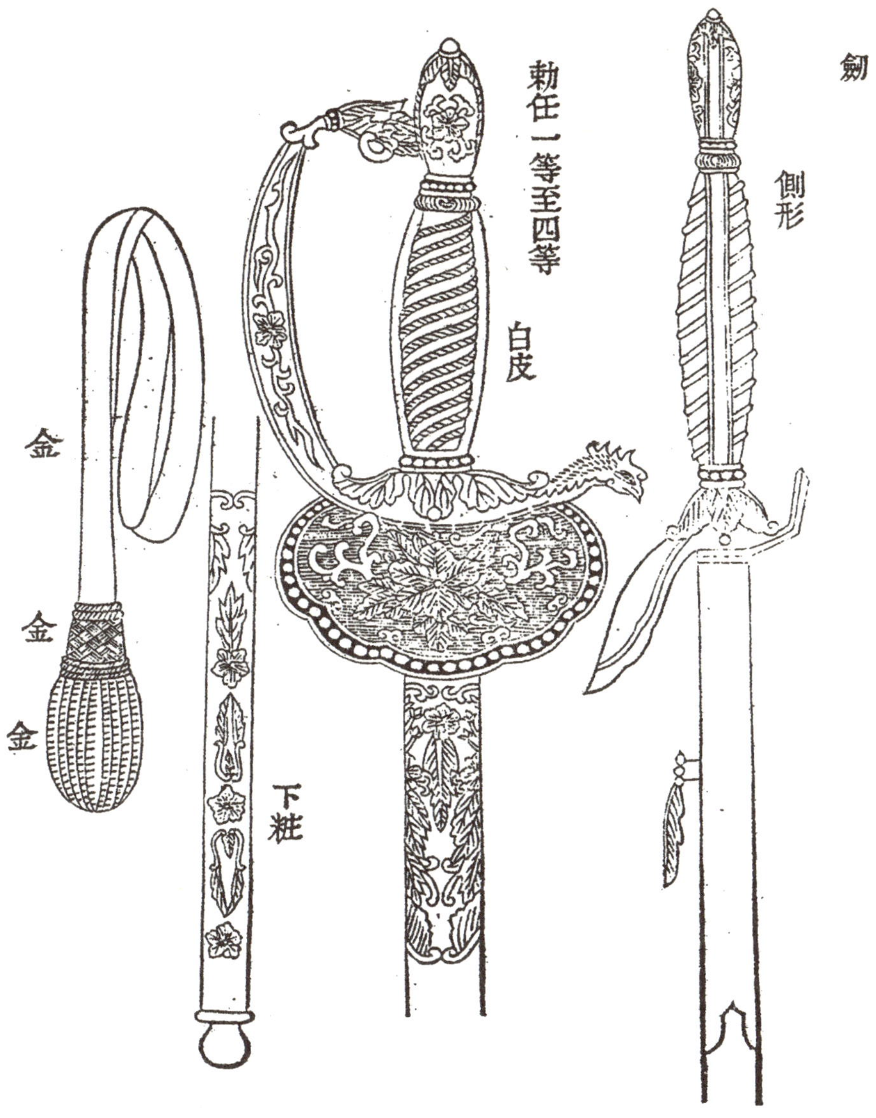
劍
側形
勅任一等至四等
白皮
金
金
金
下粧

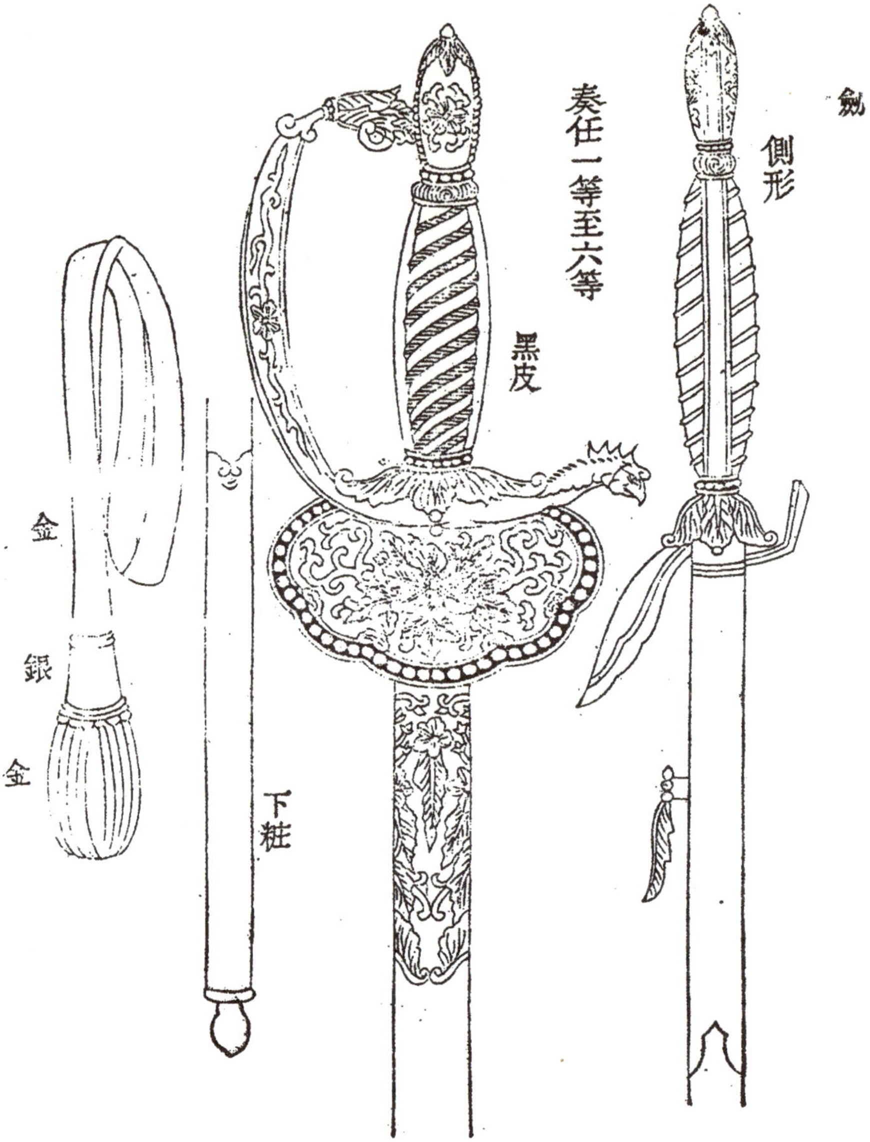
劍
側形
奏任一等至六等
黑皮
下粧
金
銀
金

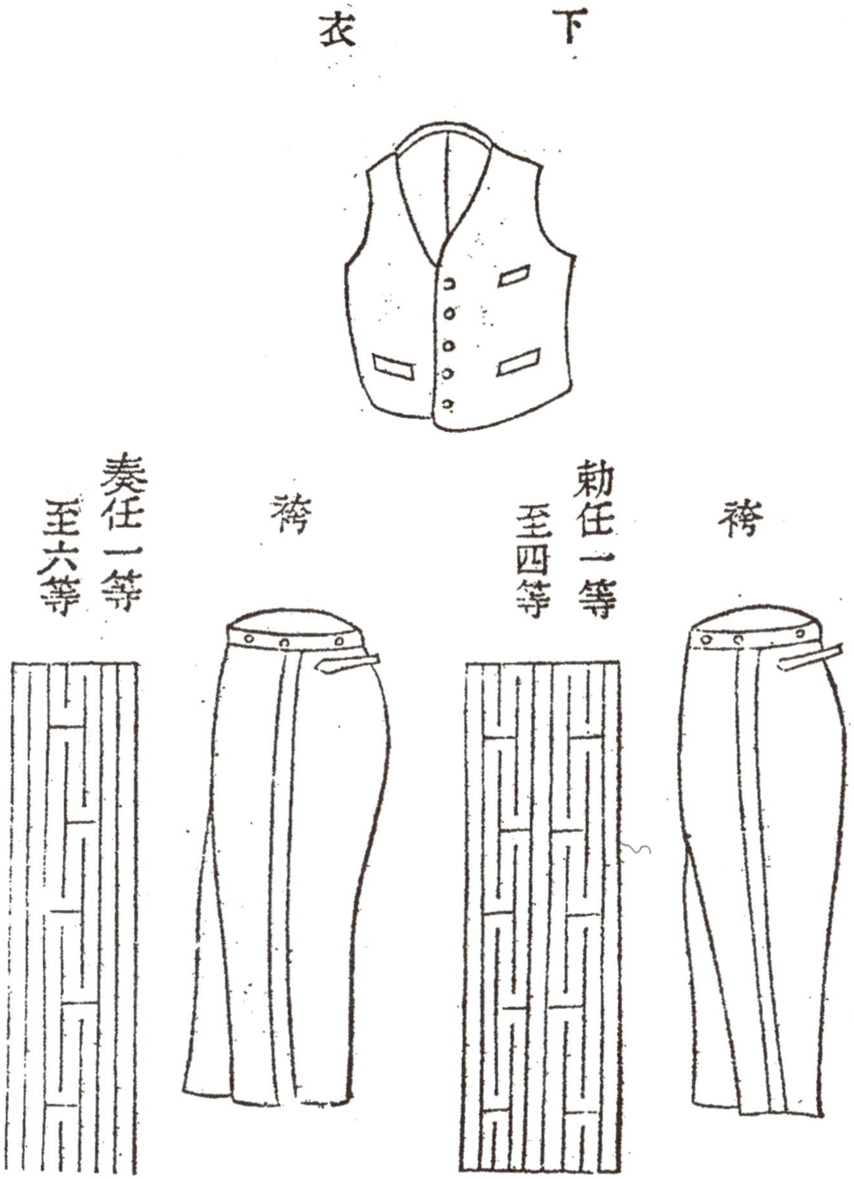
下衣
袴
勅任一等至四等
袴
奏任一等至六等

○勅令

勅令第十一號

警務使以下各觀察府總巡禮帽及禮裝을依光武四年十月十日勅令第三十七號警部服裝를叅互ᄒᆞ야變通ᄒᆞᆫ件

第一條 禮帽ᄂᆞᆫ左開ᄒᆞᆫ第一表와禮裝은左開ᄒᆞᆫ第二表와如ᄒᆞᆯ事

第二條 左開ᄒᆞᆫ境遇에着用ᄒᆞᆯ事

一 聖節陣 賀及問 安時

一 各 殿 宮 誕辰陣 賀及問 安時

一 節日陣 賀及問 安時

一 圜丘 廟社 殿 宮 動駕時

一 陵園 幸行時

一 一應大典禮及 親臨行禮後問 安時

一 宮內因公進見時

一 各項公式宴會及一應 賀儀에臨ᄒᆞᆯ時

一 禮節로上官을對ᄒᆞᄂᆞᆫ時

第三條 本令은頒布日노부터施行ᄒᆞᆯ事

光武六年八月三日

御押 御璽 奉

勅 議政府叅政 金聲根

第一表

禮帽				
名稱	警務使	局長	警務官監獄署長	總巡看守長
地質	上半部濃紺絨下半部白絨沿邊黑革	仝	仝	仝
頂盖 李花	白質金飾外邊周圍金線兩股織	仝	仝	仝
線章	上半部接圓處前後左右竪金線兩股織各三條 下半部橫金線區織五分大線二條金線兩股織小線五條	仝 奏任則各二條金線兩股織小線四條	仝 三條	仝 二條
前章	銀線金蕊李花繡粧	仝	仝	仝
頤紐	金絲圓織左右釦子鍍金鑄製槿花形	仝	仝	仝
製式	高至頂上五寸各線之間隙隨量爲之	仝	仝	仝
形狀	如圖	仝	仝	仝

第二表

禮裝				
名稱	警務使	局長	警務官監獄署長	總巡看守長
上衣	地質濃紺絨釦子黑絲圓織結頭槿花形衣領白絨品質表章沿邊金絲區織七分大線正中橫繡金線回字文肩章品質金絲圓絞織上頭下端如半月形正中金絲太極袖口白絨緣左右襟及下邊黑絲廣織線 袖章金絲區織一條金絲兩股織又字形五條又字形上端金絲繡飾李花一個	仝 衣領橫金絲四條肩章金絲太極袖章ㅅ條	仝 衣領橫金絲三條 肩章銀絲 袖章三條	仝 二條肩章青紅絲 袖章二條
袴	地質濃紺絨白絨絨線 左右股七分二條中三分一條	仝 奏任則七分線二條	仝 白絨七分線二條 左右股	仝 白絨七分線一條左右股
飾帶	品質赤絲廣織下垂銀絲紉 垂上金絲環三個	仝	仝 下垂玉色絲紉 垂上金絲環二個	仝 下垂赤絲紉 垂上金絲環一個
刀	柄鍍金槿花葉前後面正中全體雕刻太極刀帶金絲廣織刀緒金絲製	仝 太極半部奏任則刀帶黑革	仝 太極三分二	仝 太極三分一

手套	白革	仝	仝	仝
靴	短靴	仝	仝	仝
製式	衣上自項下至臀濶窄隨軆形袖口白絨三寸肩章長五寸廣三寸五飾帶長五尺五寸垂絲長七寸金絲環長三寸 刀緖長一尺六寸垂二寸手套及靴大小量宜	仝	仝	仝
形狀	如圖	仝	仝	仝

제2271호, 광무 6년 8월 6일(수요)

○勅令

勅令第十二號

警務使以下各觀察府總巡의常帽及常裝을依光武四年十月十日勅令第三十八號警部服製를叅互ᄒᆞ야變通ᄒᆞᆫ件

第一條　常帽ᄂᆞᆫ左開ᄒᆞᆫ第一表와常裝은左開ᄒᆞᆫ第二表와常袴ᄂᆞᆫ左開ᄒᆞᆫ第三表와外套ᄂᆞᆫ左開ᄒᆞᆫ第四表와如ᄒᆞᆯ事

第二條　本令은頒布日로부터施行ᄒᆞᆯ事

光武六年八月三日

御押　御璽　奉

勅　議政府叅政　金聲根

第一表

常帽							
名稱	警務使	局長	警務官監獄署長	總巡看守長	權任	巡檢
地質	上半部濃紺絨 下半部白絨	仝	仝	仝	仝	上半部俱用 濃紺絨下半

						部白絨小線一條
橫章	上半部左右前後立黑小線三條下半部接聯以下橫黑外線五條	仝 奏任則黑小線二條 下半部橫黑小線四條	上半部前後左右立黑小線二條下半部接聯以下橫黑小線三條	上半部前後左右立黑小線一條下半部接聯以下橫黑小線二條	但下半部橫黑小線一條	
前章	鍍金鑄製李花形	仝	仝	仝	仝	仝
眼庇	革 表黑裡 萌黃	仝	仝	仝	仝	仝
頤紐	黑絲兩股織左右釦子鑄製槿花形	仝	仝	仝	仝	仝
製式	高至頂上五寸各線之間隙隨量爲之	仝	仝	仝	仝	仝
形狀	如圖	仝	仝	仝	仝	仝

第二表

常裝					
名稱	警務使	局長	警務官監獄署長	總巡看守長	權任
上衣	品質濃紺絨 釦子黑絲圓織結頸槿花形 左右襟及下邊黑絲廣織線 袖章黑絲區織一條黑絲又字形五條 肩章品質白絨上端方橫金絲五條下端如李花形青紅絲太極	仝 袖章四條肩章四條	仝 袖章三條肩章三條	仝 袖章二條肩章二條	但品質濃紺絨結頸左右襟及前面與下邊黑絲廣織線袖章黑絲區織一條黑絲又字形一條
刀	柄鍍金槿花葉前後面正中全體雕刻太極 刀帶革 刀緒黑絲製	仝 但前後面正中雕刻太極半部緒黑絲帶革	仝 但前後面正中雕刻太極三分二	仝 但前後面正中雕刻太極三分一	但前後面正中雕刻
六穴砲		仝	仝	仝	仝
手套	白革或茶色革及印度膏製	仝	仝	仝	仝

靴	短靴惑長靴	仝	仝	仝	仝
製式	衣上自頂下至臀濶窄隨體形袖章長五寸廣三寸五分 刀緒長一尺六寸垂二寸 手套及靴大小量宜	仝	仝	仝	仝
形狀	如圖	仝	仝	仝	仝

第三表

常袴							
名稱		警務使	局長	警務官監獄署長	總巡看守長	權任	巡檢
地質		濃紺絨	仝	仝	仝	仝	仝
袴	品質	白絨	仝	仝	仝		
筋	裝式	左右七分線二條中三分線一條 左右股	仝 奏任則七分線二條	仝 七分線二條 左右股	仝 七分線一條 左右股	不付線	不付線
製式		上自腰問下至踵後穿濶隨脚部軆形	仝	仝	仝	仝	仝
形狀		如圖	仝	仝	仝	仝	仝

第四表

外套					
名稱	警務使	局長	警務官監獄署長	總巡看守長	權任
地質	濃紺絨	仝	仝	仝	仝
胸章	左右金釦各七個	仝	仝	仝	左右金釦子各六個
袖章	白絨小線一條上頭金絲兩股織三條金星形三個	仝 奏任則金星形二個	仝 兩股織二條 金星形二個	仝 白絨小線一條上頭金絲兩股織一條金星形一個	袖口二寸上白絲線一條
製式	橢圓形	仝	仝	仝	仝
形狀	如圖	仝	仝	仝	仝

○正誤

光武四年四月十九日號外官報勅令欄內勳章條例第二章第一條左開下(五)字는「六」으로同第二項金尺大勳章下에「一瑞星大勳章」六字를添入ᄒᆞ고同第三條文武官中下(李花)二字는删去ᄒᆞ고「瑞星」二字를添入ᄒᆞ고同條下에「第四條瑞星大勳章은無等이니李花大勳章의上에居ᄒᆞᆯ事第五條瑞星大勳章은皇親及文武官中李花大勳章을佩ᄒᆞᆫ者가特別勳勞가有ᄒᆞᆫ時는特旨로敍賜ᄒᆞᆯ事」六十六字를添入ᄒᆞ고第四條(四)字는「六」으로第五條로第十一條ᄭᆞ지逐次改正ᄒᆞ고第三章第一條次에「第二條瑞星大勳章은正副兩章이니其正章은大綬로ᄲᅧ佩ᄒᆞ되右肩에셔左脇에垂ᄒᆞ고其副章은左肋에佩ᄒᆞᆯ事」四十五字를添入ᄒᆞ고同第二條(二)자는「三」으로第三條로第二十九條ᄭᆞ지逐次改正ᄒᆞ고第四章第二條金尺章下에「瑞星章」三字를添入ᄒᆞ고同第三條上條下에(四)자는删去ᄒᆞ고「五」字를添入ᄒᆞ고第七章大勳位金尺副章制式次에「大勳位瑞星大綬正章 章銀質徑二寸五分中央紅色星銀白色光線及李花白色李葉緣色葉線金色鈕金質李花李葉形花白色葉緣色環金質正圓綬廣一寸八分淡紫質雙黃線間道織大勳位瑞星副章 章銀質徑三寸中央紅色星銀白色光線及李花白色李葉緣色葉線金色佩針銀質」百十四字를幷添入改付票ᄒᆞᆷ이라

淑陵陵上莎草修改時監董別單中六品嚴喜永에加資를添入改付票ᄒᆞ미라

官報第二千二百九號敍任及辭令欄內第二面下假第十一行中樞院議官朴恒來의六等은二等으로改付票ᄒᆞᆷ이라

同第二千二百六十五號敍任及辭令欄內稱 慶時禮式事務委員九品金成集次에軍部技手鄭禹昌을添入改付票ᄒᆞᆷ이라

官報

제2958호, 광무 8년 10월 15일(토요)

○宮廷錄事

詔曰光武四年七月二日特下陸軍將卒服裝製式中如左改正

光武八年十月十三日

議政府叅政　申箕善

陸軍將卒服裝製式

一　侍陪從及親王府武官과叅謀官服裝은前 元帥府服裝規例를因用홈이라

侍陪從及親王府武官은特別흔紀章이有홈이라

一　叅謀飾緖는叅謀部官員이라도現在叅謀官外에는飾緖를懸치못홈이라

一　高等副官(旅團以上)은副官章을懸흐되黃色懸章을用홈이라

一　週番懸章은紅色懸章을用홈이라

一　軍人의帽子는各兵科를勿論흐고齊一히步兵科帽子製式을適用홈이라

一　各部使喚軍袖章은如左히定홈이라(袖章은紅色)

제3202호, 광무 9년 7월 27일(목요)

○勅令

勅令第三十九號

警務使以下總巡禮帽及禮裝製式改正件

第一條　禮帽ᄂᆞᆫ左開ᄒᆞᆫ第一表며禮裝은左開第二表와如홈이라

第二條　禮帽와禮裝은左開境遇에着用홈이라

一　聖節　節日陣　賀及問　安時

一　各　殿　宮　誕辰陣　賀及問　安時

一　圜丘　廟社　殿　宮　動駕時

一　一應典禮祭式及　親臨行禮後問　安時

一　宮內因公進見時

一　各項公式宴會及諸般　賀儀時

但平常進　宮時와禮節노上官을對ᄒᆞᄂᆞᆫ時와各公館宴會에進參ᄒᆞᄂᆞᆫ時ᄂᆞᆫ禮帽만着用홈이라

附則

第三條　本令은頒布日노부터施行홈이라

第四條　光武三年 勅令第六號警務使以下禮帽禮裝式과光武四年 勅令第三十七號警部大臣以下禮帽禮裝變通ᄒᆞᄂᆞᆫ件과光武六年 勅令第十一號警務使以下禮帽禮裝變通에關ᄒᆞᆫ件은幷廢止홈이라

光武九年七月二十二日

御押　　御璽　　奉

勅　　議政府參政大臣　沈相薰

內部大臣　李址鎔

第一表

禮　帽				
名稱	警務使	局長	警務官監獄署長	總巡看守長
地質	上半部濃紺絨下半部紅絨緣邊黑革	仝	仝	仝

頂盖李花	紅絨質金絲飾外邊周圍金絲兩股織	仝	仝	仝
線章	上半部接圓處前後左右竪金線兩股織各三條下半部橫金絲區織五分大線二條金絲兩股織小線七條	仝 勅任則上半部及下半部橫金絲區織上同金絲兩股織小線六條 奏任則上半部竪金線各二條下半部區織上同金絲兩股織五條	仝 上半部竪金線及下半部區織上同金絲兩股織四條	仝 上半部竪金線一條下半部區織上同金絲兩股織三條
前章	銀絲金蕊李花繡粧	仝	仝	仝
眼庇	革 表黑裡深青	仝	仝	仝
頣紐	金絲圓織左右附鍍金槿花形釦	仝	仝	仝
製式	高至頂上五寸各線間隙隨官均圍	仝	仝	仝
形狀	如圖	仝	仝	仝

第二表

禮裝				
名稱	警務使	局長	警務官監獄署長	總巡看守長
上衣	地質濃紺絨釦子黑絲圓結槿花形衣領品質紅絨表章緣邊金絲區織七分大線正中橫繡金絲回字文肩章品質金絲圓交織上頭下端如半月形正中金絲太極袖口紅絨左右襟及下邊黑絲廣織線袖章金絲區織一條金絲兩股織又字形七條上端金絲繡飾李花一個	仝 勅任則衣領肩章及袖章區織上同金絲兩股織六條 奏任則衣領橫金線五條肩章銀絲太極及袖章區織上同金絲兩股織五條	仝 衣領橫金絲四條肩章銀絲太極及袖章區織上同金絲兩股織四條	仝 衣領橫金絲三條肩章青紅絲太極袖章區織上同金絲兩股織三條
袴	地質濃紺絨左右股白絨七分線二條中三分線一條	仝 勅任則上同 奏任則白絨七分線二條	仝 白絨七分線二條	仝 白絨七分線一條
飾帶	品質赤絲廣織下垂銀絲紉穗上雙金絲環三個	仝 勅任則上同 奏任則下垂玉色絲紉穗上雙金絲環二個	仝 下仝	仝 下垂赤絲紉穗垂上雙金絲環一個

刀	柄鍍金槿花葉前後面正中全體雕刻太極三刀帶金絲廣織刀緖金絲製	仝 勅任則槿花金絲及太極上同 奏任則槿花上同太極二刀帶黑革刀緖金絲製	仝 上仝	仝 槿花上仝太極一刀帶刀緖上仝
手套	白革	仝	仝	仝
靴	短靴	仝	仝	仝
製式	衣上自項下至臀濶窄隨體形袖口紅絨三寸肩章長五寸廣三寸五分飾帶長五尺五寸垂絲長七寸金絲環長三寸刀緖長一尺六寸垂二寸垂二寸手套及靴大小量宜	仝	仝	仝
形狀	如圖	仝	仝	仝

제3202호, 광무 9년 7월 27일(목요)

○勅令

勅令第四十號

警務使以下常帽常裝及夏服製式改正件

第一條　常帽는左開第一表며常裝은左開흔第二表며常袴는左開第三表며夏衣는左開第四表며夏袴는左開第五表며外套는左開第六表와如홈이라

附則

第二條　本令은頒布日로븟터施行홈이라

第三條　開國五百四年勅令第八十一號警務使以下服制에關흔件과開國五百六年勅令第七號警務使以下服制改正添入件과光武三年勅令第九號警務使以下服制改正件과光武四年勅令第四十八號警

部大臣以下常帽常裝變通ᄒᆞᄂᆞᆫ件과光武六年勅令第十二號警務使以下常帽常裝變通件은幷廢止홈이라

光武九年七月二十二日

御押　　御璽　　奉

勅　　議政府叅政大臣　沈相薰

內部大臣　李址鎔

第一表

常帽						
名稱	警務使	局長	警務官監獄署長	總巡看守長	權任	巡檢
地質	上半部 濃紺絨 下半部 白絨	仝	仝	仝	仝	上半部用濃紺絨下半部附白絨小線一條
横章	上半部前後左右竪黑小線三條下半部接聯以下横黑小線七條頂盖李花白絨質金絲飾外邊周圍黑絲兩股織	仝 勅任則黑小線上同横黑小線六條頂盖上同奏任則竪黑小線二條横黑小線五條頂盖上同	竪黑小線上同横黑小線四條頂盖上同	竪黑小線一條横黑小線三條頂盖上同	但横黑小線一條頂盖李花白絨質黃絲飾外邊周圍黑絲兩股織	但頂盖李花白絨質黃絲飾
前章	鍍金鑄製李花形	仝	仝	仝	仝	仝
眼庇	革 表黑裡深靑	仝	仝	仝	仝	仝
頤紐	黑絲兩股織鑄製槿花形左右釦	仝	仝	仝	仝	仝
製式	高至頂上五寸各線間隙隨宜均圍	仝	仝	仝	仝	仝
形狀	如圖	仝	仝	仝	仝	仝

第二表

常裝						
名稱	警務使	局長	警務官 監獄署長	總巡看守長	權任	巡檢
上衣	品質濃紺絨胸部左右圓飾槿花形各五結左右襟及下邊用黑絲廣織線袖章黑絲區織一條黑絲又字形七條肩章品質白絨上端方橫金絲七條下端李花形青紅絲太極	仝 勅任則品質及袖章區織上同黑絲又字形及肩章橫金絲各六條 奏任則品質及袖章區織上同黑絲又字形及橫金絲各五條	仝 品質及袖章區織上同黑絲又字形及橫金絲各四條	仝 品質及袖章區織上同黑絲又字形及橫金絲各三條	仝 但袖章及下區邊用黑絲區織胸部正中金色李花釦五個袖章黑絲又字形二條	仝 但品質濃紺布胸部左右各附金色李花釦五個袖章黑絲又字形一條
刀	柄鍍金槿花葉前後面正中全軆雕刻太極三刀帶革刀緒黑絲製	仝 勅任則太極及刀帶刀緒上同 奏任則太極二刀帶革刀緒黑絲製	仝 太極及刀帶刀緒上同	仝 太極一刀帶刀緒上同	刀柄雕刻李花刀帶刀緒上同	刀柄刀帶上同刀緒革
六穴砲		仝	仝	仝	仝	仝
手套	白革或茶色革及印度膏製	仝	仝	仝	仝	仝
靴	短靴惑長靴	仝	仝	仝	仝	仝
製式	衣上自頂下至臀濶窄隨軆形袖章長五寸廣三寸五分刀緒長一尺六寸垂二寸手套及靴大小量宜	仝	仝	仝		
形狀	如圖	仝	仝	仝		

第三表

常袴						
名稱	警務使	局長	警務官 監獄署長	總巡看守長	權任	巡檢
地質	濃紺絨	仝	仝	仝	仝	仝
袴筋品質	白絨	仝	仝	仝		

裝式	左右七分線二條中三分線一條	仝 勅任則上同奏任則七分線二條	仝 七分線上同	仝 七分線一條	不附線	不附線
製式	上自腰間下至踵後濶穿隨其體形	仝	仝	仝	仝	仝
形狀	如圖	仝	仝	仝	仝	仝

第四表

夏衣						
名稱	警務使	局長	警務官 監獄署長	總巡看守長	權任	巡檢
地質	白布或用茶色	仝	仝	仝	但用白布	仝
胸章	胸部正中量其間隙附金色釦五個	仝	仝	仝	仝 胸部正中附金色李花釦五個	仝 胸部左右各附金色李花釦五個
袖章	白毛線經一分五厘金色李花經五分	仝	仝	仝		白毛線經一分五厘又字形一條
裝式	白毛線橫二條縱四條黃二條自袖口上表半面限四寸五分爲始附飾縱四條自表半面每各條間一寸附飾金色李花八個附縱二條兩間自袖口上限一寸爲始各間五分	勅任則白毛縱橫線上同金色李花六個自袖口上限一寸爲始各間七分 奏任則白毛縱橫線上仝金色李花四個自袖口上限一寸爲始各間一寸四分	白毛黃線一條縱線四條兩線間隙一寸五分金色李花四個自袖口上限一寸爲始各間七分	白毛黃線一條縱線二條兩線間隙一寸金色李花二個自袖口上限一寸爲始各間一寸四分		
製式	襟幅一寸四分衣上自項下至臀濶窄隨其体形袖章長五寸廣三寸五分胸部左右及脇下左右各附同色三寸布下縫上綜	仝	仝			

第五表

常袴						
名稱	警務使	局長	警務官監獄署長	總巡看守長	權任	巡檢
地質	與上衣同側章無	仝	仝	仝	仝	仝
製式	上自腰間下至踵後濶窄隨其体形	仝	仝	仝	仝	仝

第六表

外套					
名稱	警務使	局長	警務官監獄署長	總巡看守長	權任
地質	濃紺絨	仝	仝	仝	仝
胸章	左右金色李花釦各七個	仝	仝	左右金色李花釦各五個	左右黑色角釦各五個
袖章	袖口上限二寸五分附白絨橫小線一條次附金絲兩股織三條小線下袖口後半面附金色李花三個	仝 勅任則上同 奏任則白絨小線上同金絲兩股織二條金色李花二個	仝 白絨小線及金絲兩股織金色李花上同	仝 白絨小線上同金絲兩股織一條金色李花一個	不附線
製式	楕圓形	仝	仝	仝	仝
形狀	如圖	仝	仝	仝	仝

제3326호, 광무 9년 12월 18일(월요)

○勅令

勅令第五十三號

農商工度量衡臨檢員服式에關ᄒᆞᆫ件

第一條　度量衡臨檢員의服式은左開別表에依ᄒᆞᆷ이라

附則

第二條　本令은頒布日노븟터施行홈이라

光武九年十二月九日

御押　　　御璽　　　奉

勅　議政府議政大臣臨時署理學部大臣　李完用

農商工部大臣 權重顯

別表

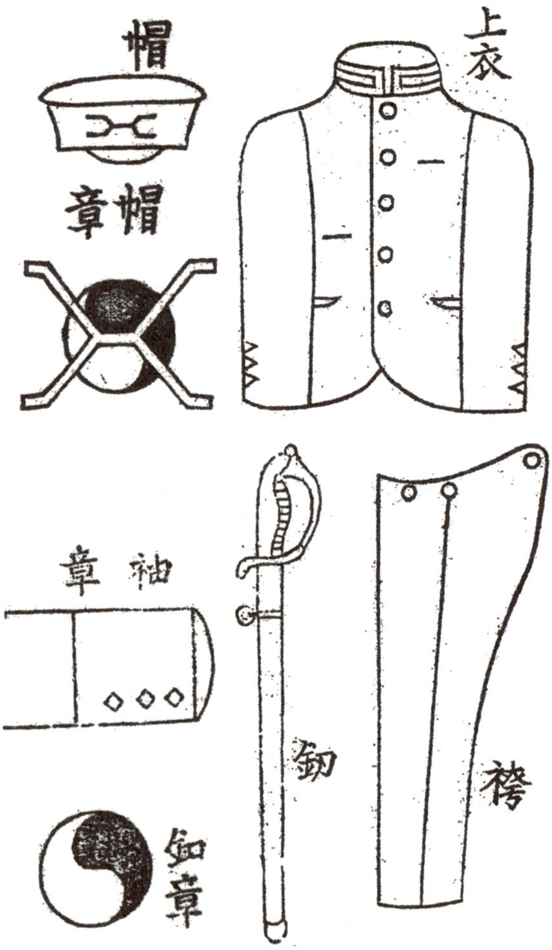

○部令

軍部令第一號

軍隊經理規程

第一章　總則

第一條　軍隊의經理는左表의區分組織에依ᄒᆞ야經理委員이此를行홀事

種別	區分	委員	附屬員
金櫃委員	步兵大隊 騎馬隊 砲兵隊 工兵隊	正尉　首座 尉官　一人 車司　一人 副尉　首座 副叅尉　一人 車司　一人	計手
粮秣委員	步兵大隊	正尉　首座 尉官　一人 車司　一人	計手 炊事係
	騎兵隊 砲兵隊 工兵隊	副尉　首座 副叅尉　一人 車司　一人	乘馬隊에在ᄒᆞ야는右外에正校
被服委員	步兵大隊	正尉　首座 尉官　一人 車司　一人	計手
	騎兵隊 砲兵隊 工兵隊	副尉　首座 副(叅)尉　一人 車司　一人	正校又副校

第四章　被服事務

第二十七條　下士以下에는漸次左表의被服定數를持케홀事

品目	定數	裝用		
		第一裝	第二裝	第三裝
帽	三位	正裝及軍裝	常用	常用
冬衣袴 肩裝共	三件	正裝及軍裝	常用	常用
夏衣袴	三件	軍裝及常用	常用	常用
外套	一件	正裝軍裝及常用		
短靴	三部	正裝及軍裝	常用	常用
背囊	一箇	正裝軍裝及常用		

備考　本表外被服品의所持定數는各隊에셔適宜히此를定홀事

第二十八條　被服品中帽衣袴外套背囊毛布에는製昨年月과供用年月과隊號와本人의姓名을付홀事

第二十九條　被服品은實로供用ᄒᆞᄂᆞᆫ되만限ᄒᆞ야此를使用케홀事

第三十條　陣營具及消耗品에係ᄒᆞᆫ經理는本章에準ᄒᆞ야此를行홀事

附則

第三十一條　陸軍各官衙及學校의金錢粮食被服其他物品에關ᄒᆞᆫ經理ᄂᆞᆫ本規程을準ᄒᆞ야適用홀事

第三十二條　本規程은頒布日노부터施行홀事

光武十年一月三日

軍部大臣　李根澤

被服品收支簿

一　馬糧收支簿陣營具收支簿消耗品收支簿도準此

某隊

小倉冬衣袴				
年月日	摘要	收	支	殘
光武何年				
何月何日	經理局으로受票何號	八○六		八○六
何月何日	某上等兵各九十九名渡		一○○	七○六

호외, 광무 10년 2월 28일

○ 宮廷錄事

宮內府本府及禮式院禮服規則

第一條　宮內府本府及禮式院官員의禮服은左開二種으로定ᄒᆞᆯ事

　　一　大禮服

　　一　小禮服

第二條　大禮服은左開境遇에着用ᄒᆞᆯ事

　　一　問　安時

　　一　動　駕動　輿時

　　一　公式　陛見時

　　一　宮中　賜宴時

第三條　小禮服은左開境遇에着用ᄒᆞᆯ事

　　一　內　陛見時

　　一　公式宴會時

第四條　大禮服은左開ᄒᆞᆫ諸具로할事

　　一　大禮帽

　　一　大禮衣

　　一　下衣

一　大禮袴

一　劒

一　劒帶

一　白布下襟

一　白色手套

第五條　小禮服은左開ᄒᆞᆫ諸具로할事

一　大禮帽

一　小禮衣

一　下衣

一　袴

一　大禮劒

一　劒帶

一　白布下襟

一　白色手套

第六條　本令은頒布日로븟터施行ᄒᆞᆯ事

호외, 광무 10년 2월 28일

○宮廷錄事

宮內府本府及禮式院大禮服과小禮服製式

第一章　大禮服上衣

第一條 親勅奏任官의上衣地質은深黑紺羅紗니前面은竪襟이고胸部에合ᄒᆞ고腰間에셔漸開ᄒᆞ야斜流ᄒᆞ야袴에至ᄒᆞ고自襟至裾間에半面橫李花貌樣으로金으로繡ᄒᆞ고邊線은橫紋金線이니親勅任官은廣이五分으로ᄒᆞ고奏任官은廣이四分으로할事

第二條　上衣前面表章은左右乳部上下에親任官은半開全開李花各一個及未開李花三個로成ᄒᆞᆫ李花莖十一枝오勅任官은九枝오奏任官은七枝오腰部兩側에ᄂᆞᆫ靑色地質로囊各一個를付ᄒᆞ고此에全開李花三個을繡ᄒᆞ며前面左右에金製李花鈕釦七介式으로ᄒᆞ며以上表章은並히金絲로繡成ᄒᆞᆯ事

第三條　上衣後面表章은腰下를割ᄒᆞᆫ左右兩端에橫紋金線을回繞ᄒᆞ고後裾分割處兩邊에金製李花鈕釦一個式를付着ᄒᆞ되圓徑은七分이오親勅奏任官勿論ᄒᆞ고脊部에下向ᄒᆞᆫ品字形으로全開李花三枝와腰部에上向ᄒᆞᆫ品字形全開李花三枝를金繡할事

第四條　上衣袖章은地質은天靑色羅紗오袖口로부터三寸을距ᄒᆞ야後部에縫合ᄒᆞ고其內左右半面品字形全開李花三枝式을金繡ᄒᆞ되親勅奏任官이同할事

第五條　上衣領章은天靑色羅紗오橫紋金線二條를付ᄒᆞ고其內에全開李花一枝오左右에ᄂᆞᆫ花莖으로金繡ᄒᆞ되親勅奏任官이同할事

第二章　下衣

第六條　下衣地質은白羅紗와深黑紺羅紗二件으로ᄒᆞ되鈕釦ᄂᆞᆫ金製니圓徑은五分이오距離ᄂᆞᆫ二寸이니親勅奏任官이同할事

第三章　袴

第七條　袴의地質은深黑紺羅紗니左右側面에金線을付호ᄃᆡ親勅任官은兩條凸凹紋이오奏任官은單條凸凹紋이니廣은並히一寸으로할事

第四章　帽

第八條　帽의地質은黑毛天鵝絨이오式樣은山形이니長은一尺五寸이오

高는四寸五分으로ᄒᆞ되頭樣을視ᄒᆞ야加減이有ᄒᆞ고頂端에飾毛는親勅任官은白色이오奏任官黑色으로할事

第九條　帽의側章은全開李花一枝를正面上向으로斜付ᄒᆞ고幹邊에金製鈕釦를付호ᄃᆡ圓徑은七分五里오沿邊에金線을繡ᄒᆞ되其間은一寸五分으로ᄒᆞ고又兩邊에靑紅太極章의形을現ᄒᆞ되親任奏任官이同할事

第五章　劒

第十條　劒章은兩尺六寸五分이니柄은親勅任官은純金線을繞纒ᄒᆞ고奏任官은純銀線으로繞纒ᄒᆞ되長은四寸五分이오鯉口가二寸六分이오鐺이五寸이오柄頭는弓形이오環鐺鞨蛸上에半開李花一枝及李花葉二個를彫刻ᄒᆞ며親勅任官의劒鞘上下에草龍을彫刻ᄒᆞ고奏任官에는草龍이無할事

第十一條　劒緖는親勅任官은純金絲오奏任官은金銀絲로ᄒᆞᆯ事

第十二條　劍帶는親勅任官은金織이오奏任官은銀織으로ᄒᆞᆯ事

第六章　小禮服上衣

第十三條　上衣地質은深黑紺羅紗니製式燕尾服과同一ᄒᆞ되上襟及袖口에는黑紺色羽緞四寸를付飾ᄒᆞ며前面左右에金製李花鈕釦三個式이오袖口에二個式이오後面에는腰下를割한左右兩端에一個式이오後裾分割處兩邊末에一個式을付着ᄒᆞᆯ事

第七章　下衣

第十四條　下衣地質은深黑紺羅紗니前面에金製李花鈕釦三個를付着ᄒᆞᆯ事

第八章　袴

第十五條　袴地質은深黑紺羅紗로ᄒᆞ되通常製와如ᄒᆞᆯ事

第十六條　以上各種은圖本을另具頒布ᄒᆞᆫ事

以上二月二十七日

제3409호, 광무 10년 3월 24일(토요)

○勅令

勅令第十四號

平理院以下各裁判所司法官及主事裁判正服規則

第一條　裁判長司及判事檢事와主事의裁判正服은左와如홈이라

一　裁判長은紫色盤領黑色窄袖袍烏紗帽紫色束帶金製方紐黑靴子

判事와判事試補는裁判長의正服과同홈이라

二　檢事는朱黃色盤領黑色窄袖袍烏紗帽紅色束帶銀製方紐黑靴子

檢事試補는檢事의正服과同홈이라

三　主事는綠色盤領黑色窄袖袍黑笠綠色束帶黑角方鈕黑鞋

附則

第二條　本規則은頒布日노브터施行홈이라

光武十年三月二十一日

御押　　御璽　　奉

勅　議政府叅政大臣勳二等　朴齊純

法部大臣勳一等　李夏榮

官報

제3409호, 광무 10년 3월 24일(토요)

○勅令

勅令第十五號

辯護士正服規則

第一條　辯護士의正服은左와如홈이라

藍色盤領黑色窄袖袍黑笠藍色束帶銀製方鈕黑鞋

附則

第二條　本令은頒布日노브터施行홈이라

光武十年三月二十一日

御押　　御璽　　奉

勅　　議政府叅政大臣勳二等　朴齊純

法部大臣勳一等　李夏榮

제3409호, 광무 10년 3월 24일(토요)

○勅令

勅令第十六號

裁判所廷吏服裝規則改正件

第一條　裁判所廷吏의服裝을左表와如홈이라

名稱	地質	横章	前章	頂章	眼庇	頤鈕	製式
帽子	濃紺絨	下半部黃絨線一條	金色廷子	金色李花	革　表黑 裏青	黑革　廣三分 鈕金色	高至頂上三寸

名稱	地質	胸鈕	袖章	製式
上衣	黑色木棉惑羅絲	金色五箇	黃絨人字線一條	窄袖

名稱	地質	製式
下衣	木棉 夏白冬黑	狹幅

附則

第二條　開國五百四年 勅令第一百六十八號廷吏服裝規則은廢止홈이라

第三條　本令은頒布日노브터施行홈이라

光武十年三月二十一日

御押　　御璽　　奉

勅　　議政府叅政大臣勳二等　朴齊純

法部大臣勳一等　李夏榮

제3462호, 광무 10년 5월 25일(금요)

○勅令

勅令第二十四號

陸軍服裝規則

第一章　總則

第一條　陸軍軍人의服裝은左開五種으로區分홈이라

一　大禮裝

二　軍裝

三　禮裝

四　半禮裝

五　常裝

第二條　大禮裝軍裝常裝은將領領尉官相當官及准士官도含有ᄒᆞ니以下同此와下士卒이通共着用ᄒᆞ고禮裝半禮裝은將領尉官ᄲᅮᆫ着用홈이라

第三條　大禮裝은禮式儀式祭典等大禮時에着用ᄒᆞ나니其境遇가大槩左와如홈이라

一　聖節　慶節에陣賀問安及　陛見時

一　圜丘　廟社　殿宮　動駕時

一　陵園幸行時

一　奬忠壇致酹時

一　觀兵式及儀仗을爲ᄒᆞ야出場ᄒᆞᆯ時

一　官誥及勳章祇受時

一　一般大禮服을着用ᄒᆞᆯ時

一　自家의賀儀葬禮時下士以下ᄂᆞᆫ親族의賀儀葬祭에도用홈이라

第四條　軍裝은將校及下士兵卒을勿論하고大槩左開境遇에着用홈이라

一　出戰及出駐時

一　非常時의出駐ᄒᆞᆯ時

一　軍隊諸勤務時

一　衛戍勤務及週番勤務時

一　大演習及機動演習時

一　別要ᄒᆞᆫ野外演習時

第五條　禮裝은大槩左開境遇에着用홈이라

一　宮內에御宴及因公進見時

一　禮節로上官을對ᄒᆞᆯ時

一　各項公式宴會及一應賀儀에臨ᄒᆞᆯ時

一　親族의賀儀葬祭時

第六條　半禮裝은大槩左開境遇에着用홈이라

一　補職及命課의辭令書ᄅᆞᆯ拜受ᄒᆞᆯ時

一　天覽ᄒᆞ시ᄂᆞᆫ場所에臨ᄒᆞ야侍陪ᄒᆞᆯ侍

一　通常宴會에臨ᄒᆞᆯ時

一　一般賀儀葬祭時

第七條　常裝은公私ᄅᆞᆯ勿論ᄒᆞ고平常着用ᄒᆞᆷ이라

第八條　夏衣ᄂᆞᆫ炎暑時凡六月一日로九月末日ᄭᆞ지着用ᄒᆞᆷ이라以下同此常裝軍裝에着用ᄒᆞᆷ을得ᄒᆞ나니但夏衣ᄅᆞᆯ着用ᄒᆞᆯ時에ᄂᆞᆫ夏袴ᄅᆞᆯ着用ᄒᆞᆷ을得ᄒᆞᆷ이라

夏衣夏袴ᄂᆞᆫ白色或茶褐色土色으로幷用ᄒᆞᆷ이라

第九條　夏袴ᄂᆞᆫ炎暑時에着用ᄒᆞ나니半禮裝時에도着用ᄒᆞᆷ을得ᄒᆞᆷ이라將官用白袴ᄂᆞᆫ半禮裝軍裝常裝에長靴ᄅᆞᆯ着ᄒᆞᆯ時ᄲᅮᆫ着用ᄒᆞᆷ이라

第十條　外套ᄂᆞᆫ何許服裝을勿論ᄒᆞ고雨雪時及防寒ᄒᆞ기爲ᄒᆞᆯ時에室外에셔着用ᄒᆞ나니然ᄒᆞ나軍裝常裝에在ᄒᆞ야ᄂᆞᆫ防寒ᄒᆞ기爲ᄒᆞ야室內에도着用ᄒᆞᆷ을得ᄒᆞ되但觀兵式其他儀式의境遇와上官의居室內에在ᄒᆞ야ᄂᆞᆫ此ᄅᆞᆯ着用ᄒᆞᆷ을不許ᄒᆞᆷ이라

第十一條　雨覆ᄂᆞᆫ外套에附ᄒᆞ야着用ᄒᆞᆷ이正則이나然ᄒᆞ나時宜ᄅᆞᆯ因ᄒᆞ야雨覆ᄲᅮᆫ着用ᄒᆞ야도無妨ᄒᆞᆷ이라

第十二條　頤紐은何許服裝을勿論ᄒᆞ고隊伍에列ᄒᆞᆯ時에ᄂᆞᆫ반다시着用ᄒᆞᆷ이可ᄒᆞ니但其他境遇에在ᄒᆞ야ᄂᆞᆫ各自便宜ᄅᆞᆯ從ᄒᆞ야用ᄒᆞᆷ이라

第十三條　日覆ᄂᆞᆫ炎暑時軍裝常裝에在ᄒᆞ야常帽에用ᄒᆞᆷ이라

第十四條　勳章及記章은何許服章을勿論ᄒᆞ고佩用ᄒᆞᆷ이라然ᄒᆞ나大勳位勳一等功一等章은大禮裝及禮裝에만佩用ᄒᆞ고軍裝及半禮裝에ᄂᆞᆫ其副章만佩用ᄒᆞ나니但常裝或軍裝에라도境遇ᄅᆞᆯ從ᄒᆞ야此ᄅᆞᆯ佩用치아니ᄒᆞᄂᆞᆫ事도有ᄒᆞᆷ이라

第二章　將校의服裝

其一　通則

第十五條　小肩章은大禮裝을除ᄒᆞᆫ外에如何ᄒᆞᆫ服裝을勿論ᄒᆞ고着用ᄒᆞᆷ이라但服務中에在ᄒᆞ야ᄂᆞᆫ便宜ᄅᆞᆯ因ᄒᆞ야除ᄒᆞ야도無妨ᄒᆞᆷ이라

第十六條　刀ᄂᆞᆫ將官及各兵科領尉官准士官과軍樂長이佩用ᄒᆞ고劒은將官及相當官과司計軍司軍醫獸醫部의領尉官相當官이佩用ᄒᆞᆷ이라

第十七條　刀及劒의佩用法은其大禮衣及軍衣ᄅᆞᆯ着ᄒᆞᆯ時ᄂᆞᆫ衣의表上에夏衣ᄅᆞᆯ着ᄒᆞᆫ時ᄂᆞᆫ衣의裏下에刀(劒)帶ᄅᆞᆯ結ᄒᆞ야佩用ᄒᆞ나니其刀ᄂᆞᆫ室內室外ᄅᆞᆯ勿論ᄒᆞ고如何ᄒᆞᆫ境遇든지上部의環을刀帶의鉤金에掛ᄒᆞ고乘馬에在ᄒᆞ야ᄂᆞᆫ不掛ᄒᆞᆷ이라

第十八條　正緒ᄂᆞᆫ大禮裝禮裝半禮裝을着用ᄒᆞᆫ時에刀或劒에裝着ᄒᆞᆷ이라

第十九條　刀緒와劒緒ᄂᆞᆫ刀와劒에裝着ᄒᆞ야軍裝常裝ᄒᆞᆯ時에用ᄒᆞᆷ이라

第二十條　飾緒ᄂᆞᆫ長官及叅謀官이佩用ᄒᆞ되長官은大禮裝과禮裝ᄒᆞᆯ時에用ᄒᆞ고贊謀官及叅謀官은如何ᄒᆞᆫ服裝이든지用ᄒᆞᆷ이라

第二十一條　飾緒ᄂᆞᆫ金線製ᄅᆞᆯ用ᄒᆞᆷ이나然ᄒᆞ나常裝에在ᄒᆞ야ᄂᆞᆫ絹絲製(黃色)을用ᄒᆞᆷ도無妨ᄒᆞᆷ이라

第二十二條　懸章은高等官御副官과傳令使와週番과衛戍巡察의緖將校가如何한服裝을勿論ᄒᆞ고此ᄅᆞᆯ用ᄒᆞᄂᆞ니其佩用法은右肩에셔左腋에斜掛ᄒᆞᆷ이라但高等官御副官과傳令使ᄂᆞᆫ特히長官을隨從ᄒᆞᆯ時와週番及衛戍巡察은現方勤務에在ᄒᆞᆯ時外에ᄂᆞᆫ佩用치아니ᄒᆞ야도無妨ᄒᆞᆷ이라

第二十三條　短袴ᄂᆞᆫ如何ᄒᆞᆫ服裝에在ᄒᆞ든지長靴ᄅᆞᆯ穿ᄒᆞᆯ時에만着用ᄒᆞᆷ이라然ᄒᆞ나炎暑時에ᄂᆞᆫ夏袴ᄅᆞᆯ短袴製로調製ᄒᆞ야着用ᄒᆞᆷ도無妨ᄒᆞᆷ이라

第二十四條　手套ᄂᆞᆫ白色革製ᄅᆞᆯ用ᄒᆞᆷ이라然ᄒᆞ나常裝을着ᄒᆞᆯ時及軍裝에

在ᄒᆞ야도平時의勤務演習等에ᄂᆞᆫ染色ᄒᆞᆫ革製或無大小製ᄅᆞᆯ用ᄒᆞᆷ을得ᄒᆞᆷ이라

第二十五條　襟布ᄂᆞᆫ如何ᄒᆞᆫ服裝에在ᄒᆞ든지白布製ᄅᆞᆯ用ᄒᆞᆷ이라

第二十六條　如何ᄒᆞᆫ服裝을勿論ᄒᆞ고短靴ᄂᆞᆫ袴下에穿ᄒᆞ고留革을附着ᄒᆞ며乘馬本分은短靴長靴에拍車ᄅᆞᆯ附着ᄒᆞᆷ이라

其二　大禮裝

第二十七條　大禮裝은左에列記ᄒᆞᆫ諸件을着裝ᄒᆞᆷ이라

一　禮帽

一　立前毛

一　大禮衣

一　袴

一　禮肩章

一　飾緖

一　刀(劒)

一　正緖

一　手套

一　白布下襟

一　靴

此服裝으로乘馬ᄒᆞᆫ時에其馬具ᄂᆞᆫ左에列記ᄒᆞᆫ諸件을具裝ᄒᆞᆷ이라

一　頭絡　豫備轡鎖及鼻革幷

一　轡銜　轡鎖幷

一　副銜

一　韁

一　副韁

一　鞍

一　鞍褥

一　鐙

一　鐙鞀

一　鞍囊

一　鞍囊外覆

一　腹帶

一　後鞦

一　胸鞦

第二十八條　此服裝에在ᄒᆞ야ᄂᆞᆫ如何ᄒᆞᆫ境遇ᄃᆞᆫ지騎兵科將校ᄂᆞᆫ長靴ᄅᆞᆯ穿ᄒᆞ고其他將校ᄂᆞᆫ總히短靴ᄅᆞᆯ穿함이라但野戰砲兵과輜重兵隊附將校가隊伍에列ᄒᆞᆫ時ᄂᆞᆫ短袴와長靴ᄅᆞᆯ穿ᄒᆞᆷ이라

第二十九條　炎暑時ᄂᆞᆫ夏袴로써袴ᄅᆞᆯ代用ᄒᆞᄂᆞᆫ事ᄅᆞᆯ得ᄒᆞ나然ᄒᆞ나儀式에叅列ᄒᆞᆯ時에ᄂᆞᆫ반다시袴ᄅᆞᆯ穿ᄒᆞᆷ이라

其三　軍裝

第三十條　軍裝은左에列記ᄒᆞᆫ諸件을着裝ᄒᆞᆷ이라

一　帽

一　軍衣

一　袴

一　刀(劒)

一　刀緖(劒緖)

一　手套

一　白布下襟

一　靴

此服裝으로乘馬ᄒᆞᆫ時에其馬具ᄂᆞᆫ左에列記ᄒᆞᆫ諸件을具裝ᄒᆞᆷ이라但將官은便宜ᄅᆞᆯ隨ᄒᆞ야旅囊着裝치아니ᄒᆞ야도無妨ᄒᆞᆷ이라

一　頭絡　豫備轡鎖幷　鼻革을除홈

一　轡銜　轡鎖幷

一　副銜

一　韁

一　副韁

一　鞍　鞍尾附着

一　鞍褥

一　鐙

一　鐙鉭

一　鞍囊

一　腹帶

一　後鞦

一　胸鞦

一　旅囊

一　野繫

第三十一條　帽ᄂᆞᆫ禮帽ᄅᆞᆯ着홈이法이나然ᄒᆞ나時宜ᄅᆞᆯ因ᄒᆞ야常帽ᄅᆞᆯ着함을得홈이라

第三十二條　此服裝으로在ᄒᆞ야ᄂᆞᆫ乘馬本分의將校ᄂᆞᆫ반다시短袴와長靴ᄅᆞᆯ穿ᄒᆞ고其他ᄂᆞᆫ短袴ᄅᆞᆯ穿ᄒᆞ고脚絆을着ᄒᆞᄂᆞ니然ᄒᆞ나乘馬本分이아닌隊附尉官은背囊을負홈이法이라但週番及衛戍巡察等은時宜ᄅᆞᆯ因ᄒᆞ야脚絆을着지아니ᄒᆞ고背囊을負치아니ᄒᆞ야도無妨홈이라

其四　禮裝

第三十四條 禮裝은左에列記ᄒᆞᆫ諸件을着裝홈이라

一　禮帽

一　大禮衣

一　袴

一　禮肩章

一　刀(劒)

一　正緖

一　手套

一　白布下襟

一 靴

此服裝으로在ᄒᆞ야乘馬ᄒᆞᆯ時에其馬具ᄂᆞᆫ左에列記ᄒᆞᆫ諸件을具裝ᄒᆞᆷ이라

一　頭絡　豫備轡鎖及鼻革幷

一　轡銜　轡鎖幷

一　副銜

一　韁

一　副韁

一　鞍

一　鞍褥

一　鐙

一　鐙靻

一　腹帶

一　後鞦

一　胸鞦

第三十五條　此服裝에在ᄒᆞ야騎兵科將校ᄂᆞᆫ長靴ᄅᆞᆯ穿ᄒᆞ고其他ᄂᆞᆫ總히短靴ᄅᆞᆯ穿ᄒᆞᆷ이라

其五　半禮裝

第三十六條　半禮裝은左에列記ᄒᆞᆫ諸件을着裝홈이라

一　帽

一　軍衣

一　小肩章

一　袴

一　刀(劒)

一　正緒

一　手套

一　白布下襟

一　靴

此服裝으로在ᄒᆞ야乘馬ᄒᆞᆫ時에馬具ᄂᆞᆫ左에列記ᄒᆞᆫ諸件을具裝홈이라但鞍褥ᄂᆞᆫ各自의便宜로常用ᄒᆞᄂᆞᆫ鞍褥ᄲᅮᆫ用홈을得홈이라

一　頭絡　豫備轡鎖及鼻革을除홈이라

一　轡銜　轡鎖幷

一　副銜

一　韁

一　副韁

一　鞍

一　鞍褥

一　鐙

一　鐙靼

一　腹帶

第三十七條　帽ᄂᆞᆫ禮帽ᄅᆞᆯ用홈이正則이라然ᄒᆞ나時宜ᄅᆞᆯ因ᄒᆞ야常帽ᄅᆞᆯ用홈을得홈이라

第三十八條　此服裝에在ᄒᆞ야騎兵科將校ᄂᆞᆫ長靴ᄅᆞᆯ穿ᄒᆞ고其他ᄂᆞᆫ短靴ᄅᆞᆯ

穿홈이通例라然ᄒᆞ나乘馬本分에將校(騎兵科ᄅᆞᆯ除ᄒᆞ고)가乘馬ᄒᆞᄃᆡ로臨場ᄒᆞᆯ時에在ᄒᆞ야ᄂᆞᆫ各自의便宜ᄅᆞᆯ因ᄒᆞ야短袴와長靴ᄅᆞᆯ穿ᄒᆞ야도無妨홈이라

其六　常裝

第三十九條　常裝은半禮裝과畧同ᄒᆞ니但禮帽常帽ᄅᆞᆯ互用홈을得ᄒᆞ고且刀(劒)에正緖ᄅᆞᆯ着裝치아니ᄒᆞ고刀(劒)에緖ᄅᆞᆯ着裝홈만異홈이라

此服裝에在ᄒᆞ야乘馬ᄒᆞᆫ時에馬具난半禮裝과同홈이라

第四十條　此服裝에在ᄒᆞ야靴ᄂᆞᆫ短靴或長靴ᄅᆞᆯ穿ᄒᆞ고或脚絆을着ᄒᆞ며或着지아니ᄒᆞ며摠히各自의便宜에任홈이라

第四十一條　騎兵科將校及乘馬本分의將校ᄂᆞᆫ此服裝에在ᄒᆞ야刀帶의釣革을釣鎖로換用홈을得홈이라

第三章　下士卒의服裝

其一　通則

第四十二條　刀와劒은如何ᄒᆞᆫ服裝을勿論ᄒᆞ고軍衣表上에革帶ᄅᆞᆯ結ᄒᆞ야此ᄅᆞᆯ佩홈이라然ᄒᆞ나騎兵에在ᄒᆞ야ᄂᆞᆫ반다시軍衣裏下에佩ᄒᆞ고且外套ᄅᆞᆯ着ᄒᆞᆫ時ᄂᆞᆫ劒과砲兵刀와徒步刀ᄂᆞᆫ其上에佩用ᄒᆞ고其他刀ᄂᆞᆫ革帶ᄅᆞᆯ外套裏下에結ᄒᆞ야柄을左側裂孔에出ᄒᆞ고隊五에列ᄒᆞᆯ時ᄂᆞᆫ其釣革을左側裂孔에出ᄒᆞ야刀ᄅᆞᆯ外面에出홈이라

第四十三條　手套ᄂᆞᆫ官給ᄒᆞᆫ者ᄂᆞᆫ如何ᄒᆞᆫ服裝에在ᄒᆞ든지着用ᄒᆞ나然ᄒᆞ나私備ᄒᆞᆫ者라도隊伍에列치아니ᄒᆞᆯ時에ᄂᆞᆫ着用홈도無妨홈이라

第四十四條　下襟은如何ᄒᆞᆫ服裝에在ᄒᆞ든지白襟布ᄅᆞᆯ衣襟幅보담稍廣

히折疊ᄒᆞ야此ᄅᆞᆯ頸에卷ᄒᆞᆷ이라

第四十五條　고구타衣袴ᄂᆞᆫ兵卒이平常屯營內에在ᄒᆞᆫ時及體操教鍊等을行ᄒᆞᆯ時에着用ᄒᆞᆷ이라但隊長의認許로ᄡᅥ絨衣袴ᄅᆞᆯ着用케ᄒᆞᆷ을得ᄒᆞᆷ이라

其二　大禮裝

第四十六條　大禮裝은兵科ᄅᆞᆯ從ᄒᆞ야區別이有ᄒᆞ나然ᄒᆞ나總히一般着裝ᄒᆞᄂᆞᆫ諸件이大槩左와如ᄒᆞᆷ이라

一　帽

一　立前毛

一　軍衣

一　袴

一　下襟

一　靴

第四十七條　各兵科ᄅᆞᆯ依ᄒᆞ야區別이有ᄒᆞᆷ은左와如ᄒᆞᆷ이라

一　正校ᄂᆞᆫ兵科ᄅᆞᆯ勿論ᄒᆞ고摠히刀ᄅᆞᆯ佩ᄒᆞ고步兵과工兵에在ᄒᆞ야ᄂᆞᆫ短靴ᄅᆞᆯ穿ᄒᆞ고脚絆을袴裏下에着ᄒᆞ며騎兵에在ᄒᆞ야ᄂᆞᆫ長靴ᄅᆞᆯ穿ᄒᆞ고野戰砲兵과輜重兵에在ᄒᆞ야ᄂᆞᆫ半長靴ᄅᆞᆯ襟上에穿ᄒᆞᆷ이라但野戰砲兵과輜重兵이半長靴ᄅᆞᆯ官給이無ᄒᆞᆫ時ᄂᆞᆫ短靴ᄅᆞᆯ袴裏下에穿ᄒᆞᆷ도無妨ᄒᆞᆷ이라

一　憲兵副叅校及上等兵은刀ᄅᆞᆯ佩ᄒᆞ며半長靴ᄅᆞᆯ袴上에穿ᄒᆞ고警戒勤務에服ᄒᆞᆯ時ᄂᆞᆫ拳銃을擭帶ᄒᆞᆷ이라

一　步兵要塞砲兵工兵副叅校及兵卒은革帶ᄅᆞᆯ締ᄒᆞ며銃劒을佩ᄒᆞ고(現今間은銃釰을佩치아니ᄒᆞ야도無妨ᄒᆞᆷ이라)短靴ᄂᆞᆫ穿하며脚絆을袴裏下에着ᄒᆞᄂᆞ니隊伍에列ᄒᆞᄂᆞᆫ者ᄂᆞᆫ背囊을負ᄒᆞ며彈藥盒을附着ᄒᆞ고銃을擭持ᄒᆞᆷ이라但背囊에ᄂᆞᆫ外套

를蹄鐵形으로卷着ᄒᆞ나니工兵及步兵(携帶器具를携帶ᄒᆞ
ᄂᆞᆫ者에限ᄒᆞᆷ이라)은其携器具를束裝ᄒᆞᆷ이라

一　騎兵副叅校及兵卒은刀를佩ᄒᆞ며長靴를穿ᄒᆞ고隊伍에列ᄒᆞ
ᄂᆞᆫ者ᄂᆞᆫ銃或鎗을携持ᄒᆞᆷ이라銃을携持ᄒᆞᆫ者ᄂᆞᆫ彈藥盒을附着ᄒᆞᆷ이라

一　野戰砲兵副叅校及兵卒은砲兵刀를佩ᄒᆞ며長靴로袴上에穿
ᄒᆞ고(半長靴의官給이無ᄒᆞᆫ時ᄂᆞᆫ短靴를袴裏下에穿ᄒᆞ고)隊
伍에列ᄒᆞᆯ際에徒步ᄒᆞᄂᆞᆫ者ᄂᆞᆫ背囊을負ᄒᆞ며外套를蹄鐵形으
로卷着ᄒᆞᆷ이라

一　輜重兵副叅校及兵卒은刀를佩ᄒᆞ며半長靴를袴上에穿ᄒᆞ나
니兵卒이隊伍에列ᄒᆞᄂᆞᆫ者ᄂᆞᆫ彈藥盒을附着ᄒᆞ고銃을携持ᄒᆞᆷ
이라但現今間은野戰砲兵에准ᄒᆞᆷ이라

一　會計官軍醫及軍樂隊下士卒은摠히徒步刀를佩ᄒᆞ며短靴를
穿ᄒᆞ고脚絆을袴裏下에着ᄒᆞ나니라

一　砲兵工兵諸工長은前項과同ᄒᆞ나但野戰砲兵隊附의諸工長
은砲兵刀를佩ᄒᆞᆷ이라

一　騎兵砲兵輜重兵蹄鐵工長은摠히該當兵科의下士와同ᄒᆞᆷ이라

一　隊附砲兵鍛工長은該當各隊附下士와同ᄒᆞᆷ이라

一　縫靴工長同職工은各其所屬隊下士兵卒과同ᄒᆞᆷ이라但銃釖
佩用ᄒᆞᄂᆞᆫ隊에附屬ᄒᆞᆫ者ᄂᆞᆫ徒步刀를佩ᄒᆞᆷ이라

一　隊外에奉職ᄒᆞᄂᆞᆫ副叅校ᄂᆞᆫ軍刀를佩用ᄒᆞᄂᆞᆫ事가有ᄒᆞᆷ이라

其三　軍裝

第四十八條　軍裝은大概第四十五條第四十六條에揭ᄒᆞᆫ正裝의着裝과同
一ᄒᆞᆷ이라但左揭ᄒᆞᆫ諸件을取捨ᄒᆞᆷ이異ᄒᆞᆷ이라

一　立前毛를不裝ᄒᆞᆷ이라

一　水壺를携帶ᄒᆞᆷ이라

一　步兵工兵要塞砲兵隊에ᄂᆞᆫ雜囊을携帶흠이라

一　徒步로隊附에在ᄒᆞᆫ者ᄂᆞᆫ摠히背囊을負흠이라縫工長靴工長과砲兵隊附監護及騎兵砲兵隊諸工長同下長은除흠但第四條第一第二의境遇에ᄂᆞᆫ隊外在ᄒᆞᆫ者도亦同흠이라

一　背囊을負ᄒᆞᆫ者ᄂᆞᆫ此에飯盒及預備靴를附着ᄒᆞ며且時期에因ᄒᆞ야毛布를附着ᄒᆞᄂᆞᆫ者도有ᄒᆞ이라

一　脚絆을着ᄒᆞᆫ者ᄂᆞᆫ此를袴上에着흠이라

其四　常裝

第四十九條　略裝의着裝은大概軍裝과同흠이라

第五十條　此服裝에ᄂᆞᆫ第四十七條第二項乃至第五項에揭ᄒᆞᆫ者를適用치아니흠이라但脚絆은此를袴裏下에着흠은適宜히取捨흠을得ᄒᆞ며且隊外奉職ᄒᆞᄂᆞᆫ者ᄂᆞᆫ各自의便宜를依ᄒᆞ야脚絆을着지아니ᄒᆞ야도無妨흠이라

附則

第五十一條　開國五百六年五月十五日 特下陸軍服裝規則을本令施行日노붓터廢止흠이라

第五十二條　本令은光武十年五月二十八日노붓터施行흠이라

光武十年五月二十二日

御押　　御璽　　奉

勅　議政府叅政大臣勳二等　朴齊純

軍部大臣勳一等　李根澤

○勅令

勅令第六十六號

管稅官服裝規則

第一條　管稅官의服裝은別表와如홈이라

第二條　管稅官의服裝은禮服과通常服二種으로分홈이라

第三條　禮服은肩章을附ᄒᆞ니一切禮式에着用홈이라

第四條　通常服은肩章이無ᄒᆞ니平居及執務時에着用홈이라

附則

第五條　本令은頒布日로븟터施行홈이라

光武十年十月二十八日

御押　　御璽　　奉

勅　　議政府叅政大臣勳一等　朴齊純

度支部大臣勳一等　閔泳綺

別表

稅務監		
	冬	夏
上衣		
地質	濃紺羅紗	白세루
製式	厚祿古套製 胸에二重金平鈕釦各五個롤付홈	平常服 立襟이니其他는冬과同홈
袖章	幅分의赤線과三分의黑線一條와五分의黑線二條롤各一分間隔ᄒᆞ야付ᄒᆞ고 袖端에金平鈕釦三個롤付ᄒᆞ되圖와如홈	線은白線이니其他는總히冬과同홈

袴		
地質	黑羅紗	白세루
側章	幅五分의黑線二條를付홈	線은白線으로홈
外套		
地質	黑羅紗或防水布	冬과同홈
製式	折襟이니胸二重引廻로ᄒᆞ고黑鈕釦五個를付ᄒᆞ되圖와如홈	仝
帽		
地質	黑羅紗製	
製式	圓形이니周圍에五分의黑線二條와三分의赤線一條를下端에付ᄒᆞ고黑革의眼庇及頤紐을付ᄒᆞ야兩端에各一個의小形李花鈕釦로留케ᄒᆞ되圖와如홈	冬과同홈
徽章	金李葉五十七枚를抱合ᄒᆞ며中央에李花를置하되總히金線으로ᄒᆞ고中間은青天色線을置ᄒᆞ되圖와如홈	仝
雨覆		
地質	黑羅紗或藍謨引布	
製式	圖와如홈	

稅務官		
	冬	夏
上衣		
地質	濃紺羅紗	白세루
製式	平常服製 折襟이니胸에二重金平鈕釦五個를付ᄒᆞ되圖와如홈	平常服 立襟이니其他는冬과同홈
袖章	幅一分의赤線과三分의黑線一條와五分의黑線一條로ᄒᆞ고其他는稅務監과同하되但鈕釦는二個로홈	線은白線으로ᄒᆞ고其他는冬과同홈
袴		
地質	黑羅紗	白세루
側章	幅五分의黑線一條를付홈	線을白線으로홈
外套		
地質	稅務監과同홈	冬과同홈

製式	稅務監과同홈	仝
帽		
製式	周圍에五分의黑線一條와三分의赤線一條를下端에付ᄒᆞ고其他ᄂᆞᆫ稅務監과同홈	
徽章	稅務監과同홈	
雨覆	仝上	

稅務主事		
	冬	夏
上衣		
地質	濃紺헤루	白린네루
製式	平常服製立襟이니胸에一重金平鈕釦을付홈圖와如홈	線은白線으로ᄒᆞ고其他ᄂᆞᆫ冬과同홈
袖章	稅務官과同함 但五分黑線을除ᄒᆞ고鈕釦一個로홈	前과同홈
袴		
地質	黑羅紗	白린네루
側章	無홈	
外套	黑羅紗或護謨引織布	仝上
製式	稅務官과同홈	仝上
帽		
製式	周回에線을付치아니ᄒᆞ고下端에三分의赤線一條를付홈 其他ᄂᆞᆫ稅務官과同홈	
徽章	稅務官과同홈	
雨覆		

肩章　肩章은稅務監은金線二條와黑線一條와紅線一條로ᄒᆞ며稅務官은金線一條와黑線一條와紅線一條로ᄒᆞ며稅務主事ᄂᆞᆫ黑線一條와紅線一條로홈

○勅令

本年 勅令第六十六號中管稅官服裝圖式如左

稅務監

上衣

袖章 表面은線入ᄒᆞ고 裏面은無ᄒᆞᆷ

帽

稅務官

帽章

稅務監及稅務官은同홈

帽

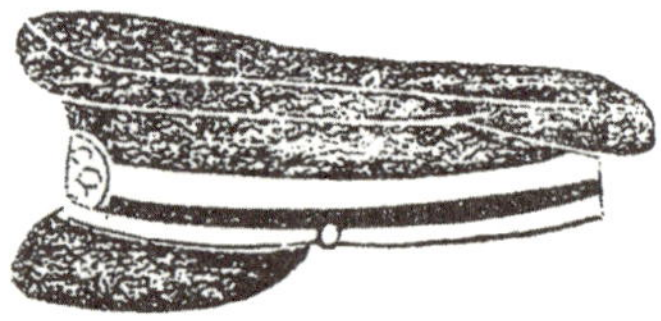

胴衣

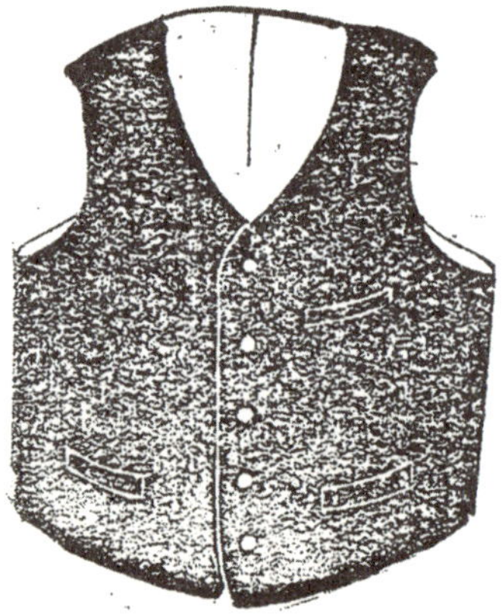

肩章

稅務監

稅務官

稅務主事

上衣

稅務主事

袖章

表面은線入ᄒᆞ고

裏面은無ᄒᆞᆷ

雨覆

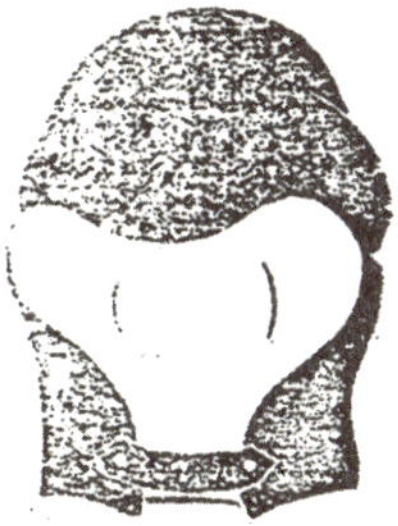

帽

外套 稅務監 稅務官 稅務主事

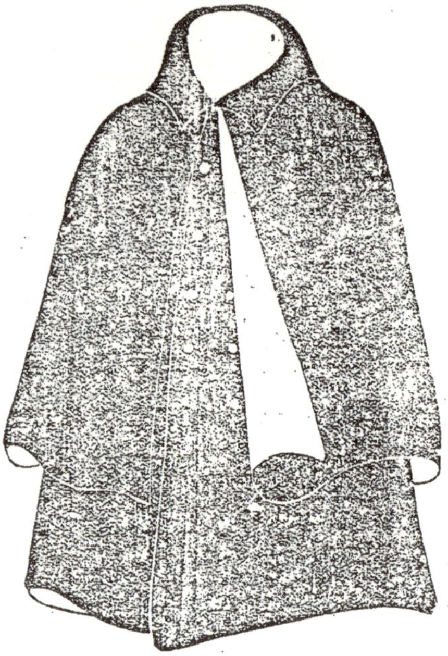

袴 稅務監

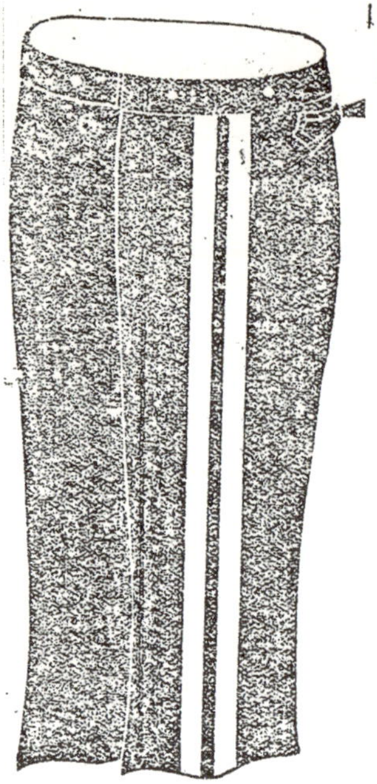

稅務官

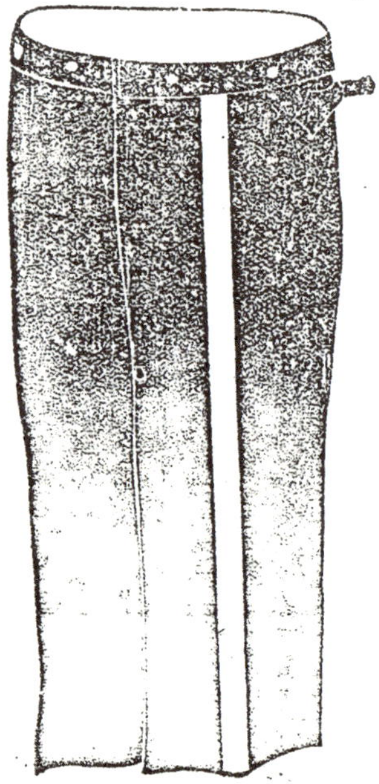

稅務主事의袴形은右와同ᄒᆞ고笠線을不附ᄒᆞᆷ

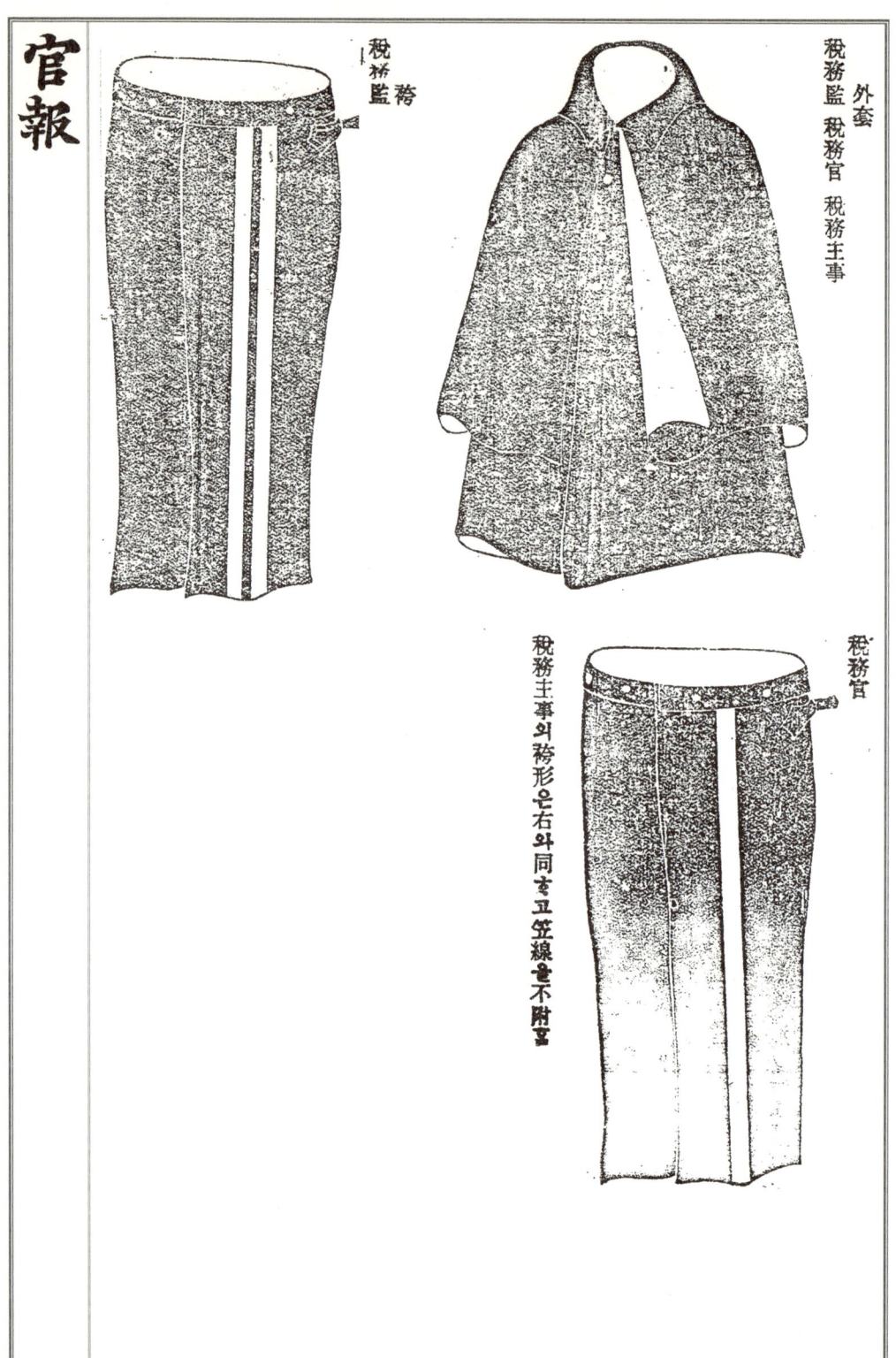

○部令

內部令第十五號

權任巡檢의給與品及貸與品支給規程

第一條　權任巡檢의帶用物品은給與及貸與二種으로分ᄒᆞ야支給ᄒᆞᆯ事

第二條　給與品種目은左와如ᄒᆞᆯ事

一　帽子　一　冬服　一　冬內衣　一　夏服

一　夏內衣　一　外套　一　肩蔽　一　雨覆

一　長靴　一　短靴　一　手套　一　洋襪

一　袴

但長靴를不給ᄒᆞᆯ時ᄂᆞᆫ脚絆을代給ᄒᆞᆷ도有ᄒᆞᆯ事

第三條　貸與品種目은如左ᄒᆞᆯ事

一　帽章　一　軍刀　一　刀帶　一　刀緖

一　外套及被服釦　一　手帖　一　捕繩

一　呼角

第四條　給與品及貸與品은現品으로뻐任命時에支給ᄒᆞ고給與品의滿期ᄒᆞᆫ時ᄂᆞᆫ亦同ᄒᆞᆯ事

第五條　給與品의數量及使用期限은如左ᄒᆞᆯ事

但不得已ᄒᆞᆫ境遇에ᄂᆞᆫ內部大臣의承認을得ᄒᆞ야數量增減ᄒᆞ며期限을伸縮ᄒᆞᆷ을得ᄒᆞᆯ事

一　帽子一個　十二個月　一　冬服一組　二十四個月

一　冬內衣一組　十二個月　一　夏服二組　五個月

一　夏內衣二組　五個月　一　外套一件　二十四個月

一　肩蔽一件　二十四個月　一　雨覆一件　二十四個月
一　長靴一足　二十四個月　一　短靴一足　六個月
一　手套二件　六個月　一　洋襪一足　一個月
一　襟一件　一個月

第六條　貸與品及使用期限未滿의給與品은退職免職及死亡ᄒᆞᆫ時에返納ᄒᆞᆯ事

第七條　貸與品及使用期限未滿의給與品을因公이나又確証이有ᄒᆞ게毁損紛失ᄒᆞᆫ時ᄂᆞᆫ代品을交付ᄒᆞ되其毁損紛失이過失或怠慢에由ᄒᆞᆫ者ᄂᆞᆫ辨償의責을任ᄒᆞᆯ事

第八條　本規程은頒布日로븟터施行ᄒᆞᆯ事

光武十年十一月二十三日

內部大臣勳一等　李址鎔

제3637호, 광무 10년 12월 15일(토요)

○勅令

勅令第七十四號

文武官誥에關ᄒᆞᆫ件

第一條　文武官의 官誥ᄂᆞᆫ別表와如ᄒᆞᆷ이라

第二條　官誥式樣을四種으로分ᄒᆞ야親任官은第一號表며勅任官은第二號表며奏任官은第三號表이며判任官을第四號表를依ᄒᆞᆷ이라

附則

第三條　本令은光武十一年一月一日로븟터施行ᄒᆞᆷ이라

光武十年十二月十二日

御押　御璽　奉

勅　議政府叅政大臣陸軍副將勳一等　朴齊純

官誥式樣

第一號表

親任

李花隱紋　品職姓名
任某官
御押
御璽
光武　年　月　日
議政府議政大臣勳　姓名　自署

布帛尺計
長六寸二分
廣八寸八分

勅任

李花隱紋　品職姓名
任某官敍勅任官幾等
光武
御璽
年　月　日
議政府議政大臣勳　姓名奉

布帛尺計
長六寸二分
廣八寸八分

第三號表

奏任

李花隱紋　品職姓名
任某官敍奏任官幾等
光武
御璽
年　月　日
議政府議政大臣勳　姓名宣

布帛尺計
長六寸二分
廣八寸八分

第四號表

判任

槿花隱紋　品職姓名
任某官敍判任官幾級
光武
主務印
年　月　日
主務大臣

布帛尺計
長五寸四分
廣七寸二分

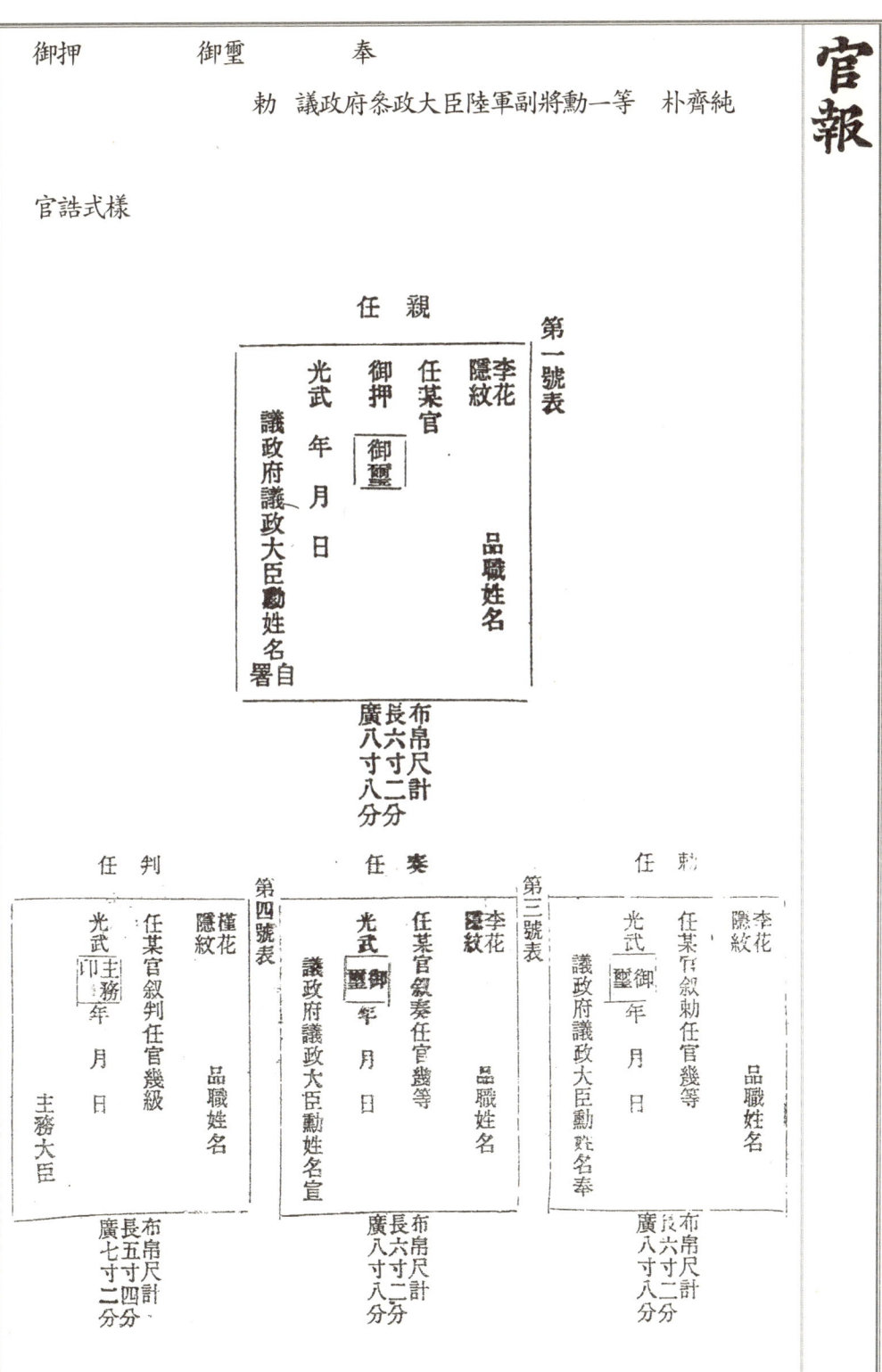

제3637호, 광무 10년 12월 15일(토요)

○勅令

勅令第七十六號

陸軍服裝製式中改正件

開國五百六年五月十五日特下陸軍將卒服裝製式第九項中廣織下에(이요領尉官은幷黑革으로)十一字는刪去ᄒᆞ고(이니大禮裝禮裝半禮裝에用ᄒᆞ고軍裝常裝에는領官用革製를用ᄒᆞ며領官은革製니裏面은紅色이오尉官은領官用과同ᄒᆞ되裏面은靑色이니領尉官의刀帶는如何ᄒᆞᆫ服裝을勿論ᄒᆞ고幷用) 七十八字를添入ᄒᆞᆷ이라

光武十年十二月十二日

御押　御璽　奉

勅　議政府叅政大臣陸軍副將勳一等　朴齊純

軍部大臣陸軍副將勳一等　權重顯

제3646호, 광무 10년 12월 26일(수요)

○勅令

勅令第七十五號

文官大禮服製式改正件

第一章　上衣

第一條　親勅奏任官의上衣地質은深黑紺羅紗니前面은立襟이오金製槿花鈕釦九個를付ᄒᆞ되圓徑은七分이오小腹下에至ᄒᆞ야腿骨ᄽ지

左右로平分橫割ᄒᆞ고腿骨로斜流ᄒᆞ야後裾가되고邊線은橫紋金線이니廣이五分으로홈이라

第二條　上衣後面表章은腰下를割ᄒᆞᆫ左右兩端의地質은袖章과同ᄒᆞ니橫紋金線을回繞ᄒᆞ고後裾分割兩邊에金製槿花鈕釦各一個를付ᄒᆞ되圓徑은七分이오親勅任官은腰下金線回繞ᄒᆞᆫ內와脊部上下에槿花各一枝오奏任官은槿葉만金繡홈이라

第三條　上衣袖章은地質은親任官은紫色이며勅任官은青天色이며奏任官은黑紺色이니袖口로븟터三寸을距ᄒᆞ야橫紋金線一條를繞ᄒᆞ야後部에縫合ᄒᆞ고其內左右半面에親勅任官은槿花各一枝며奏任官은槿葉만金繡홈이라

第四條　上衣領章의地質은袖章과同ᄒᆞ니橫紋金線一條를繞ᄒᆞ고其下前面左右에親勅任官은小槿花各一枚와後面에小槿花一枝며奏任官은槿葉만金繡홈이라

第五條　上衣領章은親任官은左右肩部에槿花各三枝를金繡홈이라

第二章　胴衣

第六條　胴衣地質은深黑紺羅紗오金製槿花鈕釦五個를付ᄒᆞ되圓徑은五分이오距離ᄂᆞᆫ二寸이니親勅奏任官差別이無홈이라

第三章　袴

第七條　袴의地質은深黑紺羅紗니左右側面에金線을付호ᄃᆡ親勅任官은兩條凸凹紋이오奏任官은單條凸凹紋이니廣은幷히一寸으로홈이라

第四章　帽

第八條　帽의地質은黑毛天鵝絨이오式樣은山形이니長은一尺五寸이오

高ᄂᆞᆫ四寸五分으로ᄒᆞ고頂端에飾毛ᄂᆞᆫ親勅任官은白色이오奏任官은黑色으로홈이라

第九條　帽의側章은槿花一枝를正面으로付ᄒᆞ고幹邊에金製槿花鈕釦一個를付호ᄃᆡ圓徑은七分이오沿邊에金線을付호ᄃᆡ親勅任官은凸凹紋이오奏任官은無紋이니廣은幷히三分으로홈이라

第五章　釼

第十條　釼章은長이兩尺六寸五分이니柄은親勅任官은白皮며奏任官은黑皮로ᄒᆞ되金線螺纏ᄒᆞ니長이四寸五分이오鯉口가二寸六分이오鐺이五寸이오柄頭ᄂᆞᆫ弓形이오環鐺鞨鞘上에親勅任官은槿花를雕刻홈이라

第十一條　釼緖ᄂᆞᆫ親勅任官은純金絲오奏任官은金銀絲로홈이라

第十二條　釼帶ᄂᆞᆫ親勅任官은金織이오奏任官은銀織으로홈이라

附則

第十三條　本令은頒布日로븟터施行홈이라

第十四條　光武四年勅令第十五號ᄂᆞᆫ廢止ᄒᆞ되旣往製造ᄒᆞᆫ服裝은仍舊着用홈이라

第十五條　圖本을另具홈이라

光武十年十二月十二日

御押　御璽　奉

勅　議政府叅政大臣陸軍副將勳一等　朴齊純

文官大禮服製式圖本

上衣前面

親任

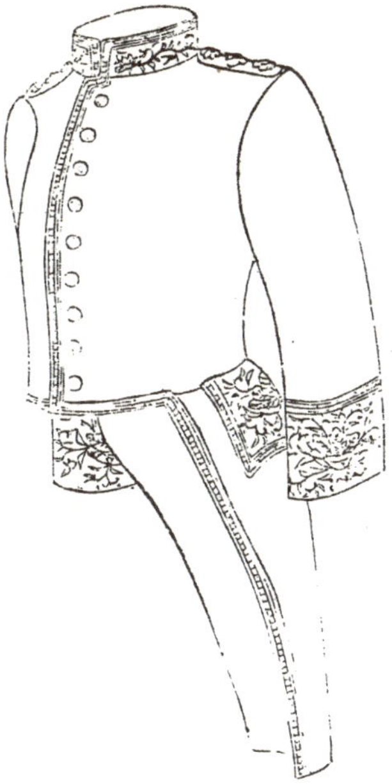

上衣前面
奏任

上衣前面
勅任

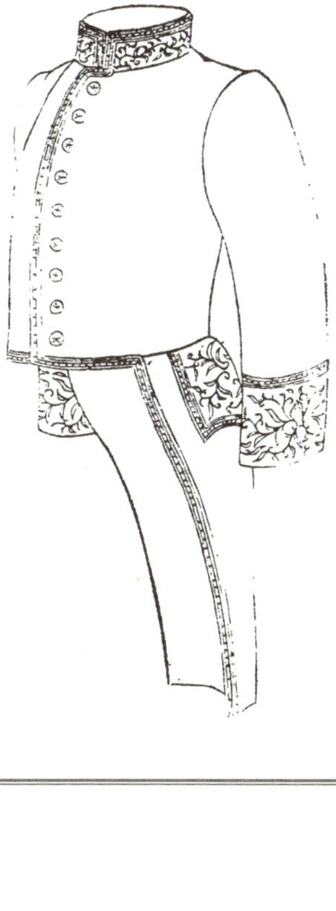

上衣後面
親任

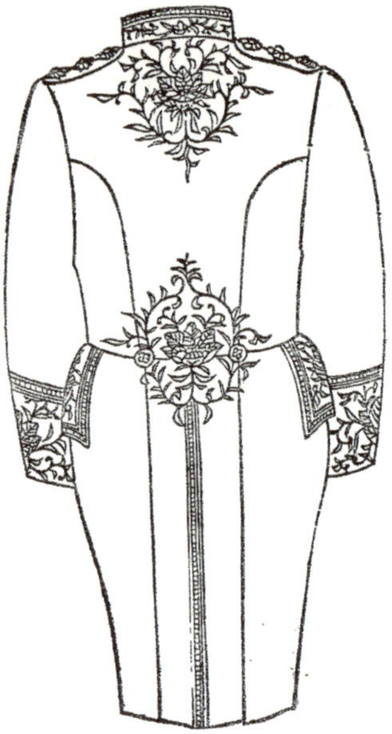

上衣後面
勅任

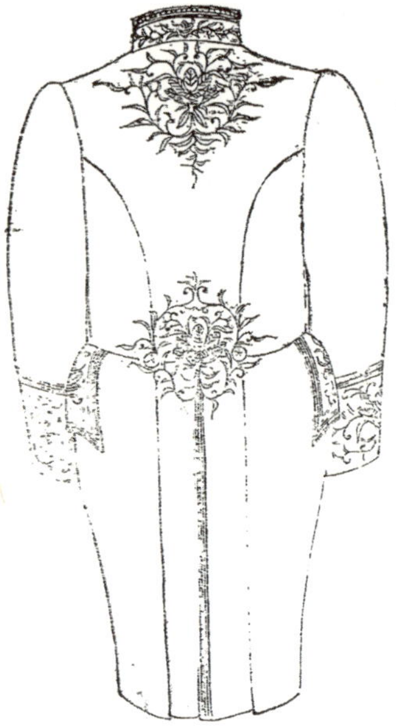

上衣後面
奏任

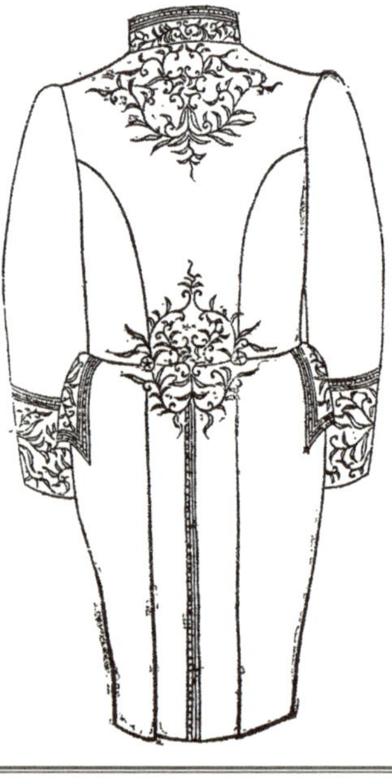

帽
親勅任

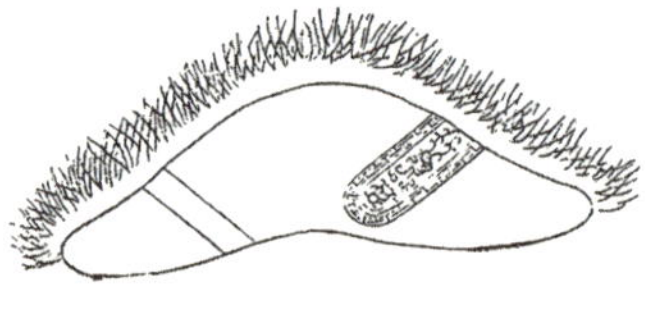

帽側章
親勅任

帽
奏任

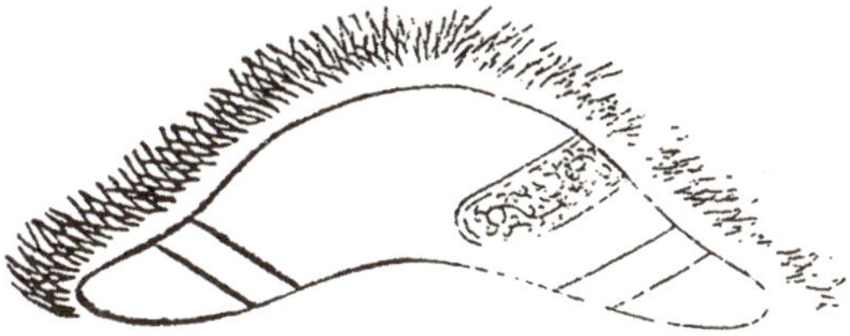

帽側章
奏任

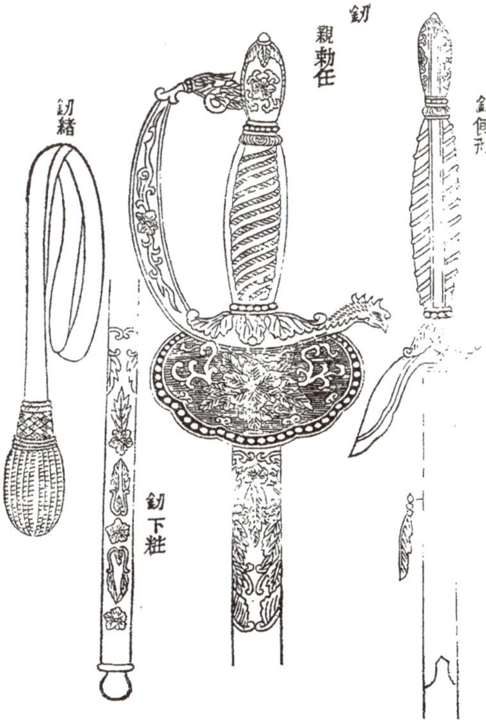

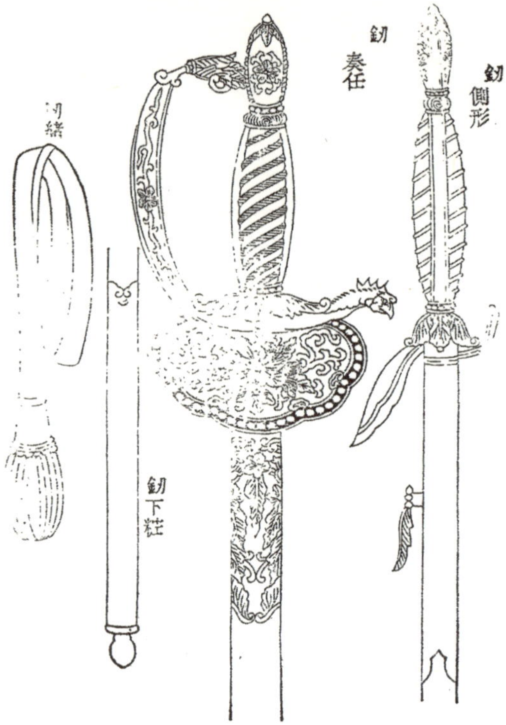

胴衣
親勅奏任同

親勅任

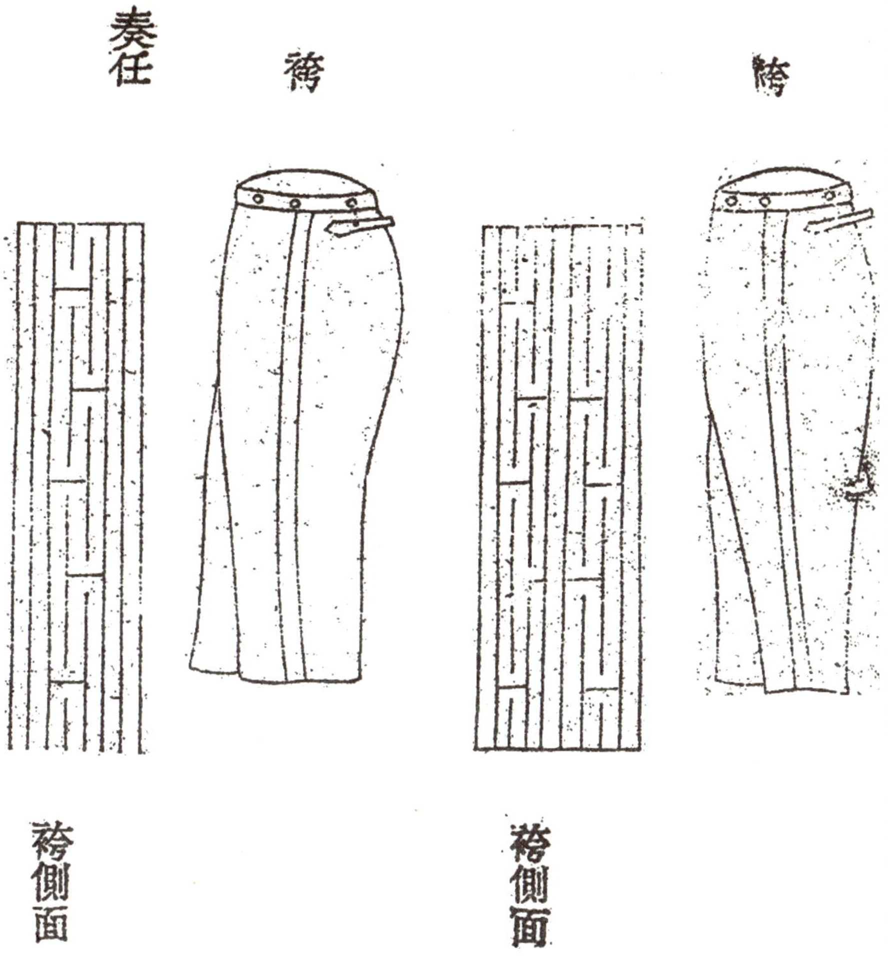

제3663호, 광무 11년 1월 15일(화요)

○ 勅令

勅令第八十二號

警察官吏及監獄官吏提燈規制

第一條 警察官吏及監獄官吏의提燈制式及區別은左表圖面과如ᄒᆞ게定흠이라

第二條　正服因公時外에는此를使用홈을不得홈이라

附則

第三條　本令은頒布日노부터施行홈이라

光武十年十二月二十九日

御押　　御璽　　奉

勅　　議政府叅政大臣陸軍副將勳一等　朴齊純

內部大臣臨時署理農商工部大臣勳二等　成岐運

別表

警務官

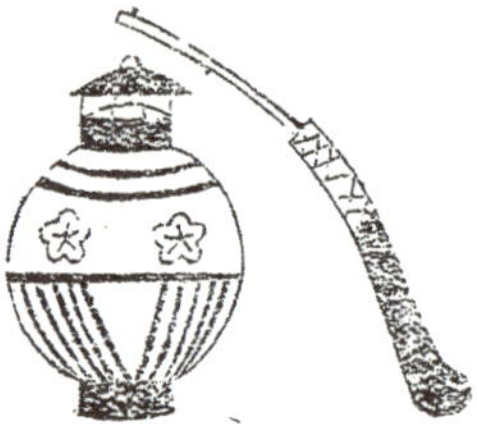

上仝但赤竪線廣六分各五條三處

警務使

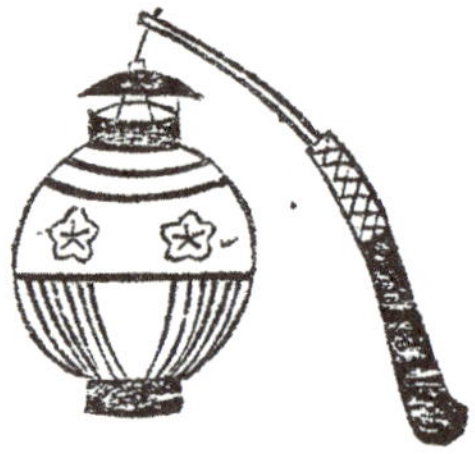

上半部黑橫線廣四分一條赤橫線廣四分一條下赤色李花三個正中赤橫線廣四分一條下半部赤竪線廣六分各六條三處

看守長

上仝但赤竪線廣六分各四條三處

總巡

上仝但赤竪線廣六分各四條三處

監獄署長

上仝 但赤竪線廣六分各五條三處

權任

上仝 但赤竪線廣六分各三條三處

巡檢

上仝 但赤竪線廣六分各二條二處

제3719호, 광무 11년 3월 21일(목요)

○ 勅令

勅令第十號

警務使以下禮帽及禮裝製式中改正件

第一條　警務使以下禮帽及禮裝上衣와權任巡檢의肩章은左表圖面과如

히改正홈이라

第二條　光武九年勅令第三十九號警務使以下看守長禮帽及禮裝製式改正件第一表警務使以下看守長禮帽製式中警務使禮帽線章欄內下半部下에橫金絲區織五分大線二條金絲兩股織小線七條二十字와警務官監獄署長禮帽線章欄內下半部下에區織上同金絲兩股織四條十一字와總巡看守長禮帽線章欄內下半部下에區織上同金絲兩股織三條十一字는幷删去ᄒᆞ고警務使는金絲兩股織小線七條로警務官監獄署長은金絲兩股織小線五條로摠巡看守長은金絲兩股織小線三條로幷改正ᄒᆞ고同第二表警務使以下看守長禮裝製式中上衣製式은廢止홈이라

第三條　權任巡檢의肩章은光武九年勅令第三十九號第二條各項境遇에着用홈이라

附則

第四條　本令은頒布日로븟터施行홈이라

光武十一年三月十九日

御押　御璽　奉

勅　議政府叅政大臣陸軍副將勳一等　朴齊純

內部大臣陸軍副將勳一等　李址鎔

禮裝　上衣			
名稱	警務使	警務官監獄署長	總巡看守長
地質	濃紺絨	仝	
衣領	上端沿邊處正橫己字形金絲繡線下端一字形金絲繡線二條正中一條	仝 上端金絲區織三分大線一條下端一字形金絲繡線四條正中一條	仝 大線無上端及正中金絲繡線各一條下端三條
袖章	紅絨緣上金絲區織大線一條兩股織又字形小線七條又字線頭上金絲繡飾李花一個金絲區織緣下付鍍金李花釦子三個	仝 紅絨緣上金絲區織繡飾李花及李花釦子上同小線四條	仝 上同但小線三條

製式	衣長隨體形大小至腿骨直割後裾五寸分割處兩傍村長五寸廣一寸黑絨上尖下廣鍍金李花形各三個胸部左右付鍍金李花形釦子各七個衣領袖口紅絨	仝	仝
形狀	如圖	仝	仝

제3719호, 광무 11년 3월 21일(목요)]

○勅令

勅令第十一號

警務使以下看守長常帽常裝及夏服製式中改正

第一條　常帽ᄂᆞᆫ左表圖面과如히改正홈이라

第二條　光武九年勅令第四十號警務使以下常帽常裝及夏衣製式中第一表警務使以下看守長常帽式은廢止ᄒᆞ고第二表常裝中警務使以下看守長刀欄內刀帶革下에警務使警務官監獄署長은表黑裏深紅五字와摠巡看守長은黑黑裏深青五字ᄅᆞᆯ添入ᄒᆞ고第四表夏衣裝式中警務使夏衣裝式欄內에金色李花八箇ᄂᆞᆫ六箇로改正홈이라

附則

第三條　本令은頒布日로붓터施行홈이라

光武十一年三月十九日

御押　　御璽　　奉

勅　議政府叅政大臣陸軍副將勳一等　朴齊純

內部大臣陸軍副將勳一等　李址鎔

常帽			
名稱	警務使	警務官監獄署長	總巡看守長
地質	濃紺絨	仝	仝
線章	上部頂盖周圍接聯處付黃絨小線一條下半部白絨六分線二條小線二條	上部頂盖周圍接聯處付黃絨小線一條下半部白絨六分線二條小線一條	上部頂盖周圍接聯處付黃絨小線一條下半部白絨六分線二條
前章	鍍金鑄製李花有葉形	仝	仝
眼庇	革表黑裡深靑	仝	仝
頤紐	黑革鍍金鑄製李花形左右釦	仝	仝
製式	高至頂上二寸五分大線二條間隙小線二條	高至頂上二寸五分大線二條間隙小線一條	高至頂上二寸五分大線二條
形式	如圖	仝	仝

제3730호, 광무 11년 4월 3일(수요)

○勅令

勅令第二十號

勳章條例中改正件

勳章條例第二章第九條次에「第十條瑞鳳章은一等으로始ᄒᆞ야六等에止ᄒᆞ니內外命婦中淑德과勳勞가特別홈이有ᄒᆞ면皇后徽旨를經有ᄒᆞᆫ後左開에依ᄒᆞ야敍賜ᄒᆞ되別노 詔勅頒布ᄂᆞᆫ無홀事 但敍賜日授與式만宮廷錄事欄內에揭載홀事 一一等은 皇室생佩用ᄒᆞ고內外命婦中二等勳을佩ᄒᆞᆫ者가特異ᄒᆞᆫ勳勞가有ᄒᆞ면別노이敍賜ᄒᆞ기도홀事 二二等은內外命婦中三等勳을旣敍ᄒᆞ고特別勳勞가有ᄒᆞ면敍賜홀事 三等章은內外命婦中四等勳을旣敍ᄒᆞ고特別勳勞가有ᄒᆞ면敍賜홀事 四四等章은內外命婦中五等勳을旣敍ᄒᆞ고特別勳勞가有ᄒᆞ면敍賜홀事 五五等章은內外命婦中六等勳을旣敍ᄒᆞ고特別勳勞가有ᄒᆞ면敍賜홀事 六內外命婦中勳勞와資級을隨ᄒᆞ야敍賜

ᄒᆞ되初叙ᄂᆞᆫ五等以下로ᄒᆞᆯ事」 二百八十字를添入ᄒᆞ고第十條以下ᄂᆞᆫ第十一條로排次改正ᄒᆞ고第三章第十條次에 「第十一條瑞鳳章은左開에依ᄒᆞ야佩ᄒᆞᆯ事 一一等은正副兩章이니其正章은大綬로ᄡᅧ佩ᄒᆞ되左肩으로右脇에垂ᄒᆞ고其副章은右肋에佩ᄒᆞᆯ事 二二等은佩針으로ᄡᅧ左肋에佩ᄒᆞᆯ事 三三等은中綬로ᄡᅧ喉下에佩ᄒᆞᆯ事 四四等至六等은小綬로ᄡᅧ右肋에佩ᄒᆞᆯ事」 百四字를添入ᄒᆞ고第十一條以下ᄂᆞᆫ第十二條로排次改正ᄒᆞ고第七章勳章制式中功八等紫鷹章次에左開二十八行을添入ᄒᆞᆷ이라

動一等瑞鳳章	
章	金質雙鳳形 長二寸五分 廣一寸五分
鈕	金質九龍雙鳳冠形
環	金質正圓
綬	廣三寸五分 粉紅質白線間道織

動二等瑞鳳章 兼一等副章	
章	銀質徑二寸 中央藍色單鳳金色光線白色葉綠色葉線白色圓邊六星紅色
佩針	銀質

動三等瑞鳳章	
章	金質雙鳳形 長一寸五分 廣一寸
鈕	金質九龍單鳳冠形
環	金質橢圓
綬	廣一寸 粉紅質白線間道織

動四等瑞鳳章	
章	金質雙鳳形 長一寸五分 廣一寸
鈕	金質九龍單鳳冠形
環	金質正圓
綬	廣一寸 粉紅質白線間道織

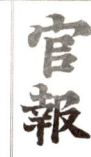

勳五等瑞鳳章	
章	金質雙鳳形 長一寸五分 廣一寸
鈕	銀質九龍單鳳冠形
環	銀質正圓
綬	廣一寸 粉紅質白線間道織

勳六等瑞鳳章	
章	銀質雙鳳形 長一寸五分 廣一寸
鈕	銀質九龍單鳳冠形
環	銀質正圓
綬	廣一寸 粉紅質白線間道織

光武十一年三月三十日

御押 御璽 奉

勅 議政府參政大臣陸軍副將勳一等 朴齊純

제3754호, 광무 11년 5월 1일(수요)

○勅令

勅令第二十九號

陸軍將領尉官及准士官以下提燈規則

第一條 陸軍將領尉官及准士官以下의提燈制式及區別은別表圖面과如홈이라

第二條 軍裝及因公時外에는此를使用홈을不得홈이라

附則

第三條 本令은頒布日노븟터施行홈이라

光武十一年四月二十二日

御押　　御璽　　奉

勅　議政府叅政大臣陸軍副將勳一等　朴齊純

軍部大臣陸軍副將勳一等　權重顯

別表

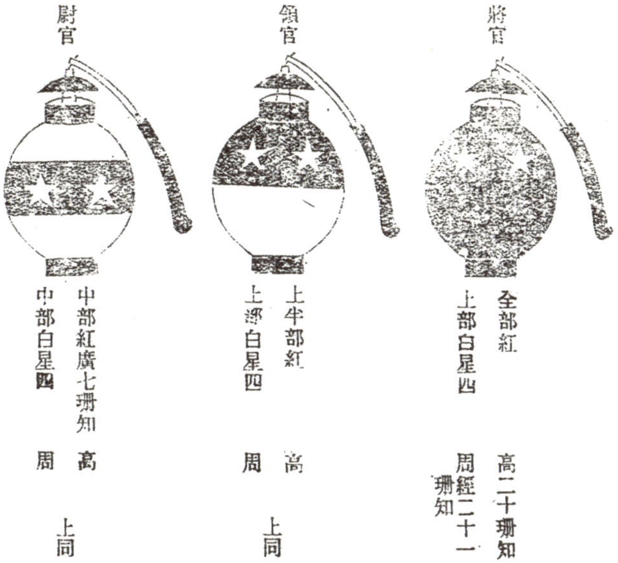

但憲兵隊下士以下는上部紅星上에廣二珊知黑橫線이有홈이라

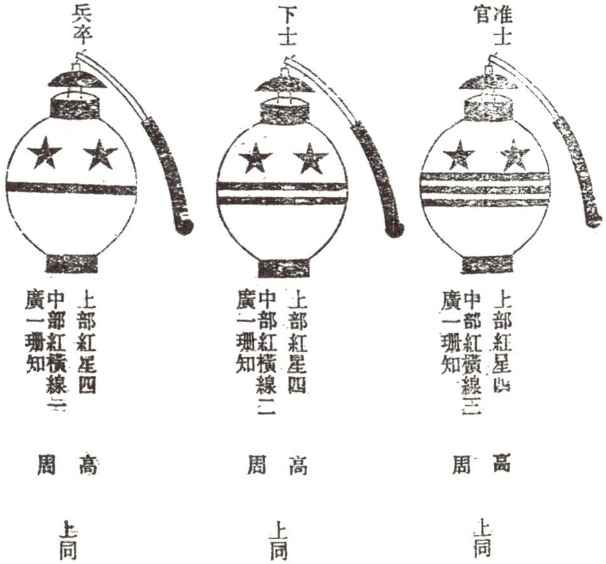

○布達

宮內府主殿院警衛局長以下服制及提燈規則을左갓치定奪홈이라

光武十一年七月二日奉

勅　　　　宮內府大臣勳一等　李載克

布達第一百五十五號

宮內府主殿院警衛局長以下服制及提燈規則

第一條　禮帽ᄂᆞᆫ左開第一表오禮裝은第二表와如홈이라

第二條　禮帽와禮裝은左開境遇에着用홈이라

一　問　安時

一　動　駕時　輿時

一　公式　陛見時

一　宮中　賜宴時

但內　陛見時及公式宴會時에ᄂᆞᆫ禮帽만着用홈이라

第三條　常帽ᄂᆞᆫ左開第三表오常裝은第四表오常袴ᄂᆞᆫ第五表오夏衣ᄂᆞᆫ第六表오夏袴ᄂᆞᆫ第七表오外套ᄂᆞᆫ第八表와如홈이라

第四條　提燈의制式及區別은左開圖面과如홈이라

第五條　提燈은正服因公時가아니면此를使用치못홈이라

附則

第六條　本令은頒布日로브터施行홈이라

第一表

禮　帽			
名稱	局長	副長警務官	摠巡
地質	上半部濃紺絨下半部黃絨緣邊黑革	仝	仝
項盖	黃質金飾李花	仝	仝
線章	上半部前後左右竪金絲兩股織各二條下半部橫金絲遍織五分大線二條金絲兩股織小線五條	仝 但小線四條	仝 但小線三條
前章	銀絲金蕊李花繡粧	仝	仝
眼庇	革 表黑裡深青	仝	仝
頤紐	金絲圓織左右付鍍金李花形釦	仝	仝
製式	高至項上五寸各線間隙隨宜均圍	仝	仝
形狀	如圖	仝	仝

第二表

禮　裝			
名稱	局長	副長警務官	摠巡
上衣	地質濃紺絨胸部左右付鍍金李花形釦各七個衣領品質黃絨橫金絲五條肩章金圓交織上頭下端如半月形正中付銀色李花二個袖口黃絨左右襟及下邊黑絲遍織線袖章金絲遍織一條金絲兩股織又字形五條上端金絲繡飾李花一個金絲遍織緣下付鍍金李花釦三個後裾直割處兩傍付黑絨長五寸廣一寸如波浪形左右付鍍金李花釦各三個	仝 但袖章又字形衣領橫金絲各四條	仝 但袖章又字形衣領橫金絲各三條
袴	地質濃紺絨左右股側線黃絨七分線二條	仝	仝 但黃絨七分線一條
飾帶	品質赤絲廣織下垂玉色絲紉穗上綴金絲環二個	仝	仝 但下垂赤絲紉穗上綴金絲環一個
刀	柄鍍金槿花葉前後正中全体雕刻李花四刀帶表黑裡紅刀結金絲製	仝 但李花三	仝 但李花二刀帶表黑裡青
手套	白革	仝	仝
靴	短靴	仝	仝
製式	上衣長隨体形大小至腿骨直割後裾五寸袖口黃絨三寸肩章長五寸廣三寸五分飾帶長五尺五寸	仝	仝

	垂絲長七寸金絲環長三寸刀緖長一尺六寸垂二寸手套及靴大小量宜摠巡肩章三寸		
形狀	如圖	仝	仝

第三表

常帽						
名稱	局長	副長警務官	摠巡	權任	巡檢	消防手
地質	濃紺絨	仝	仝	仝	仝	仝
橫章	上部頂盖周圍接縫處付黃絨小線一條下部黃絨六分線二條其間隙黃絲小線一條	仝	仝 但間隙小線無	上部頂盖周圍接縫處付黃絨小線一條下部黃絨六分線一條	仝	上部頂盖周圍接縫處小線無但下部紅絨六分線一條
前章	鍍金鑄製槿花葉心李花形	仝	仝	仝	仝	仝
眼庇	革 表黑裡深靑	仝	仝	仝	仝	仝
頤紐	黑革鍍金鑄製李花形左右釦	仝	仝	仝	仝	鍍金鑄製國文仝字
製式	高至頂上二寸五分	仝	仝	仝	仝	仝
形狀	如圖	仝	仝	仝	仝	仝

(但盛暑에ᄂᆞᆫ日覆ᄅᆞᆯ用ᄒᆞ니帽子上半部ᄅᆞᆯ白布로裏ᄒᆞᆷ)

第四表

常裝						
名稱	局長	副長警務官	摠巡	權任	巡檢	消防手
上衣	品質濃紺絨胸部左右圖飾槿花形各五結左右襟及下邊用黑絲廣織線袖章黑絲區織一條黑絲兩股織又字形五條又字形上黑絲兩股織槿花形一結	仝 但又字形四條	仝 但又字形三條	品質上仝胸部正中付金色釦五個袖章及下邊亦用黑絲遍織袖章黑股織又字形二條	品質上仝胸部左右各寸金色釦五個袖章黑絲兩股織又字形一條	品質古舊羅胸部正中付鍍金釦五個袖章用紅絨國文仝字形
刀	柄鍍金槿花葉前後面正中	仝	仝	柄雕刻槿花	仝	無

	全体雕刻李花四刀帶革刀緒黒絲製	但李花三	但李花二	葉刀帶革刀緒黒絲	但刀緒革	
六穴砲	仝	仝	仝	仝	仝	無
手套	白革或茶色革及印度膏製	仝	仝	仝	仝	仝
靴	短靴惑長靴	仝	仝	仝 或脚絆	仝 或脚絆	仝 或脚絆
製式	衣上自項下至臂濶窄隨体形袖章長五寸廣三寸五分刀緒長一尺六寸手套及靴大小量宜	仝	仝	仝	仝	衣上項下至臂濶窄隨體形袖章長四寸廣三寸
形狀	如圖	仝	仝	仝	仝	仝

第五表

常袴						
名稱	局長	副長警務官	摠巡	權任	巡檢	消防手
地質	濃紺絨	仝	仝	仝	仝	古舊羅
袴側章品質	黃絨	仝	仝	不附	不附	不附
裝式	左右股七分線二條	仝	左右股七分線一條	不附	不附	不附
製式	上自腰間下至踵後濶窄隨體形	仝	仝	仝	仝	仝
形狀	如圖	仝	仝	仝	仝	仝

第六表

夏衣						
名稱	局長	副長警務官	摠巡	權任	巡檢	消防手
地質	白布或用茶褐色土色	仝	仝	仝 或用黑古舊羅	仝	仝
胸章	胸部正中量其間隙附金色李花形釦五個	仝	仝	仝	胸部左右各附金色釦五個	胸部正中量其間隙附金色李花釦五個
袖章	金色李花釦四個	仝	仝 但二個	隨其品質兩股織又字形二條	仝 但又字形一條	地質黑則紅國文ㅿ字形或白則付黃色

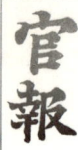

裝式	金色李花釦四個自袖口上表面附飾	仝	仝	又字形二條自袖口上表面附飾	又字形一條自袖口上表面附飾	國文ㅅ字形自袖口上表面附飾
製式	襟幅一寸四分衣上自項下至臂濶窄隨其体形	仝	仝	仝	仝	仝

第七表

常袴						
名稱	局長	副長警務官	摠巡	權任	巡檢	消防手
地質	與上衣同或用他色側章無	仝	黑布或用白布	仝	仝	仝
製式	上自腰間下至踵後濶窄隨其体形	仝	仝	仝	仝	仝

第八表

外套						
名稱	局長	副長警務官	摠巡	權任	巡檢	消防手
地質	濃紺絨	仝	仝	仝	仝	仝
胸章	左右金色釦各七個	仝	仝	仝 釦各六個	左右角釦各五個	角釦五個
袖章	袖口上限二寸五分附黃絨橫小線一條次附金絲兩股織二條小線下袖口後半面附金色李花形二個	仝	仝 黃絨小線上仝金絲兩股織一條金色李花形上一個	但黃絨橫小線一條	不附	不附
製式	楕圓形	仝	仝	仝	仝	仝
形狀	如圖	仝	仝	仝	仝	仝

제3889호, 융희 원년 10월 5일(토요)

○勅令

勅令第二十五號

陸軍服裝規則中改正件

光武十年　勅令第二十四號陸軍服裝規則中第十五條와同第三十六條第三項一小肩章四字를幷删去ᄒᆞ고第十六條ᄂᆞᆫ第十五條로第十七條ᄂᆞᆫ第十六條로逐次改正홈

隆熙元年十月一日

御押　御璽　奉

勅　內閣總理大臣勳一等　李完用

軍部大臣陸軍副將勳二等　李秉武

제3889호, 융희 원년 10월 5일(토요)

○勅令

勅令第二十六號

陸軍服裝製式

第一　禮帽

頂盖及上半部ᄂᆞᆫ黑絨質이오下半部ᄂᆞᆫ紅絨質이오沿邊은黑革이니其表章은左開와如홈

頂盖에中心은紅質金飾李花章이오其外邊은周圍金線兩股織이오上半部楕圓處ᄂᆞᆫ前後左右로竪金線兩股織이니將官은各三條오領官은二條오尉官은一條오下半部橫金線兩股織이니竪線接聯處에一條를除ᄒᆞᆫ外에ᄂᆞᆫ大將은九條오副將은八條오叅將은七條오正領은六條오副領은五條오叅領은四條오正尉ᄂᆞᆫ三條오副尉ᄂᆞᆫ二條오叅尉ᄂᆞᆫ一條오正面表章은黑質楕圓形이니

中心은銀絲金蕊李花繡章이오左右는金葉銀葩像生槿花兩枝繡章을交叉同結ᄒᆞ고頤紐은金絲織線이오左右釦子各一個는鍍金鑄製槿花로ᄒᆞ고前面下端에前庇를附ᄒᆞ니黑革半月形으로홈

將校相當官의帽子下半部는各其定色을從홈

第二　常帽

頂盖는圓形이니周圍上部는茶褐色絨質이오下部는紅絨質이니(單條八分)頂盖와周圍上部交縫處는紅絨細線으로圍ᄒᆞ고正面表章의形式은中央李花오左右는槿花兩枝로交叉호ᄃᆡ鍍金鑄製오頤紐은黑絲製로用ᄒᆞ고左右釦子各一個를鍍金鑄製李花로ᄒᆞ고前面下端에前庇를付ᄒᆞ되黑革製半月形으로ᄒᆞ고式樣은將領尉官幷相當官及准士官이同一케홈

下士卒及武官生徒의帽式도將校의常帽製式과同一케호ᄃᆡ正面表章은鍍金鑄製李花形(長廣四分)을付홈

第三　禮衣

品質은黑絨(騎兵은紅絨質노홈)이오衣長은軆形大小를隨ᄒᆞ야頂部에셔腿骨에至ᄒᆞ고後裾五寸을直轄ᄒᆞ야分割處兩傍에長五寸廣一寸色絨(各兵科定色을依홈)을付着호ᄃᆡ上尖下廣ᄒᆞ고鍍金李花釦子各三個오釦子는鍍金李花形이니胸部左右에各七個오衣領과袖口는色絨質(各兵科定色을依함)이오左右襟及後裾分割는色絨線(各兵科定色을依함)이니表章은左와如함

衣領章은將官은上端沿邊處에正倒己字形金絲繡緣이오下端은一字形金絲繡線雙條오正中은一條니左右金絲繡星各三個오領官은上端에一字形金絲繡線一條오下端은二條니左右金絲繡星各二個尉官은上下端에金絲繡線各一條니左右金絲繡星各一個로홈

袖章은色絨緣上에人字形線이니正倒己字形金絲繡緣이오次에金絲兩股織이니正倒己字形金絲緣一條를除ᄒᆞᆫ外에大將은九條오副將은八條오叅將은七條오正領은六條오副領은五條오叅領은四條오正尉는三條오副尉는二條오叅尉는一條니人字線上에金絲繡製李花章과金絲廣織緣下鍍金李花鈕子를左右에各三個式付홈

第四　常衣

常衣는茶褐色絨質이니長은項部에셔腹下와腿骨에至ᄒᆞ고前衽左右合結處에도金製圓形鈕五個오胸部左右와腹部左右에隱囊을付호ᄃᆡ胸部左右에는合盖處에鍍金製圓形小鈕一個오袖章은袖端前面約二寸上에鍍金製小李花鈕를橫寸호ᄃᆡ將官及相當官은三個오領官及相當官은二個오尉官及相當官은一個오其上에領尉官及同相當官은各兵科及相當官의定色으로絨細線一條오其上은茶褐色絲織線이니大將正領正尉는各三條오部將副領副尉는各二條오叅將叅領叅尉는各一條니一字形으로橫付홈

下士卒及武官生徒의常衣도茶褐色絨質이니製式은將校常衣와同一호ᄃᆡ袖章은袖端前面約二寸上에各兵科定色으로絨細線을橫付ᄒᆞ고其次에茶褐色絨條로階級을區別호ᄃᆡ下士는廣條(三分)一條를付ᄒᆞ니其上에正校는細條(廣一分)三이오副校는二오叅校는一이오三等兵一二等卒은廣條만除ᄒᆞ고階級ᄃᆡ로一條式遞減ᄒᆞ고武官生徒는袖端前面約二寸上에紅色細絨線一條를人字形으로付ᄒᆞ고鈕는赤銅製로홈

第五　禮袴

品質은黑絨質長袴(騎兵將校는短袴를着홈)니長은軆形을隨ᄒᆞ야腹部에셔踵下에至ᄒᆞ고縫章은將官은三條오(左右二條는廣各七分中一條는一分)領官은

二條오(廣各六分)尉官은一條니(廣一村)오縫章定色은將官及步兵科ᄂᆞᆫ紅色이오騎兵은綠色이오砲兵은黃色이오工兵은紫色이오計官은靑色이오醫官은深綠色으로홈

第六　常袴

品質은茶褐色絨質이오長은體形을隨ᄒᆞ야腹部에셔踵下에至ᄒᆞ고左右縫章은將校同相當官이오紅色絨細線一條ᄅᆞᆯ付호ᄃᆡ便宜ᄅᆞᆯ從ᄒᆞ야乘馬本分은短袴(縫章과品質은常袴와同홈)ᄅᆞᆯ製着홈

下士卒과武官生徒袴의製式과縫章은將校와同一홈

第七　禮肩章

品質은金絲廣織이오形式은上頭長方形과下頭楕圓形이合成錨子形ᄒᆞ고上頭에鍍金鑄製李花釦子一個오將領官은下頭에金線綢織下垂가有ᄒᆞ고尉官은無ᄒᆞ고其表章은左와如ᄒᆞᆫ事

將官은下頭楕圓形上에銀絲繡製로像生槿花葉兩枝ᄅᆞᆯ交叉同結ᄒᆞ고正中은紅黑色太極이오金絲繡星을大將은左右各三個오副將은各二個오叅將은各一個오領官은枝葉太極은將官과同ᄒᆞ고銀絲繡星을正領은左右各三個오副領은各二個오叅領은各一個오尉官은枝葉은無ᄒᆞ고紅黑色太極ᄲᅮᆫ이오銀絲繡星을正尉ᄂᆞᆫ左右各三個오副尉ᄂᆞᆫ各二個오叅尉ᄂᆞᆫ各一個로홈

第八　刀

刀柄에鍍金槿花葉이오前後面에正中은太極이니將官은全體ᄅᆞᆯ雕刻ᄒᆞ고領官은半分이오尉官은三分一이오刀帶ᄂᆞᆫ黑革製ᄅᆞᆯ用ᄒᆞ니將領官은裏面이紅色이오尉官은裏面이靑色으로ᄒᆞ야如何ᄒᆞᆫ服裝을勿論ᄒᆞ고幷用홈

第九　刀緒

刀緒ᄂᆞᆫ將領官은金絲織線이니其端에鷄卵形金線製ᄅᆞᆯ付ᄒᆞ고尉官以下ᄂᆞᆫ黑絲織線으로上과同홈

第十　飾帶

品質은赤絲廣織(一寸)이오下垂ᄂᆞᆫ將官은金絲紉이오領官은紫靑絲紉이오尉官은黃絲紉으로ᄒᆞ고兩端結合處에鍍金製合解樞ᄅᆞᆯ付홈

第十一　飾緖

品質은金絲線製惑絹紗線製로홈

第十二　懸章

品質은絹絲廣織(一寸)이오同色絲紉을下垂ᄒᆞ니高等官衙副官과傳令使ᄂᆞᆫ黃色을用ᄒᆞ고衛戍服務者及週番은紅色을用홈

第十三　夏衣袴

品質은茶褐色細縷惑木絲織이니製式은冬衣袴와同一호ᄃᆡ領尉官及同相當官과下士卒武官生徒에袖端에定色細絨線과將領尉官及相當官下士卒武官生徒의袴의縫章은無호ᄃᆡ但武官生徒ᄂᆞᆫ袖端約二寸上에茶褐色細條로人字形을付홈

第十四　外套

品質은茶褐色絨質이니長은項部에셔膝下에至ᄒᆞ고袖章은各常衣袖章에依호ᄃᆡ階級絨線票ᄂᆞᆫ除ᄒᆞ고常衣에付ᄒᆞᄂᆞᆫ鍍金圓形製釦ᄅᆞᆯ前面左右에各五個式付ᄒᆞ고後面臂部以下로直轄ᄒᆞ야角釦三個ᄅᆞᆯ隱付ᄒᆞ고始上部割處에同色絨을一字形으로橫付ᄒᆞ고鍍金圓形製釦四個ᄅᆞᆯ橫付홈

下士卒도茶褐色絨質이니製式은將校와同一히호ᄃᆡ色絨細線兵科定色一條(下士ᄂᆞᆫ廣三分이오兵卒은二分)를袖章約二寸上에一字形으로付ᄒᆞ고釦ᄂᆞᆫ赤銅製圓形釦를前面左右에五個式付홈但武官生徒ᄂᆞᆫ常衣袖端上과如히定色人字線을付홈

第十五

肩蔽ᄂᆞᆫ茶褐色絨으로호ᄃᆡ制式은項部를周圍ᄒᆞ야膝下에至ᄒᆞ고前面中央을割開ᄒᆞ야角釦로簇홈

第十六　准士官의禮裝常裝

品質과制式을叅尉와同一히호ᄃᆡ禮帽禮常衣袖章에階級線만無ᄒᆞ고外套袖章에ᄂᆞᆫ定色絨細線을付홈

附則

本令은本年十月一日노붓터施行호ᄃᆡ曾前着用ᄒᆞ든服裝도現今間은仍着홈

隆熙元年十月一日

御押　御璽　奉

勅　內閣總理大臣勳一等　李完用

軍部大臣陸軍副將勳二等　李秉武

제3900호, 융희 원년 10월 18일(금요)

○勅令

勅令第二十八號

警視總監及警視副監禮帽禮裝에關훈件

第一條　警視總監及警視副監의禮帽禮裝은左表와如홈

附則

第二條　本令은頒布日로브터施行홈

第三條　光武九年勅令第三十九號第一表及第二表中警務使禮帽禮裝에關훈件은廢址홈

隆熙元年十月十五日

御押　　御璽　　奉

勅　　　內閣總理大臣勳一等　李完用

內部大臣　任善準

第一表

正帽			
名稱		警視總監	警視副監
地質		上部濃紺絨 下部緋絨	同
前章		金色李花章 經一寸五分	同
眼庇		黑革	同
頤紐		黑革幅三分三厘釦金色圓形內에李花를附ᄒ고經三分	同
縱攅章	品質	蛇蝮織金大線幅九分金小線幅一分五厘	同 金大線幅四分五厘金小線幅一分五厘
	裝式	縱章 前後는直左右의斜에小線各三條를附홈 攅章 大線一條小線二條外에小線一條를上下部縫製에附홈	同 縱三章 攅章 大線一條小線一條外에小線一條를上下部縫條에附홈
頂上章	品質	蛇蝮織金線幅一分五厘	同
	裝式	環狀線의內에重星章을附홈	同

製式	下部高가一寸九分大線은幅一分五厘의蛇蝮織金線六條를合ᄒᆞ고縱攅線의間隙은各一分	下部高가前과同ᄒᆞ고但線의多數되는分은適當ᄒᆞ게伸縮을得ᄒᆞ고大線은三條를合ᄒᆞ고縱攅線의間隙은前과同ᄒᆞᆷ

第二表

正　衣			
名稱		警視總監	警視副監
地質		濃紺絨	同
釦		金色圓形內에李花를附ᄒᆞ고大經七分五厘小經五分	同
襟章	品質	大線金平織小線蛇蝮織幅一分五厘	同
	裝式	上椽側緣은二條下椽은一條上下緣에接ᄒᆞ고平織二條襟地緋絨平織과中間의際에小線을附ᄒᆞᆷ	上椽側緣은一條次에幅五分의平縫次에小線을附ᄒᆞ고下椽二條襟地緋絨
袖章	品質	大線金平織小緣共一寸五分小線蛇蝮織幅一分五厘	大線平織一寸小線蛇蝮織幅一分五厘
	裝式	平織은鏑에鈆ᄒᆞ야山形에附ᄒᆞ고其兩端에小線을附ᄒᆞᆷ 小線六條平織에沿ᄒᆞ야左右로브터交叉ᄒᆞ야圓形으로縫着ᄒᆞ고其長은平織山形에上端브터圓形에上端ᄭᆞ지五分이오其幅은圓形右中心으로브터左右各二寸이오 小線間隙은各一分	同 但平織에小線을附ᄒᆞᆷ
製式		襟幅一寸四分袖章은腕關節에止ᄒᆞᆷ 長腕을垂ᄒᆞ야指先에셔一寸延으로써度를ᄒᆞ고上下部縫際髖骨上端에셔上으로五分으로ᄒᆞᆷ 後裂上下縫際에止ᄒᆞᆷ 鏑絨은袖口브터尖頭에至ᄒᆞ기二寸兩脚은一寸 付囊後裂에裏面에附ᄒᆞ고緣邊의玉緣은共絨을附ᄒᆞᆷ 但鏑地緋絨으로ᄒᆞᆷ	同

第三表

袴		
名稱	警視總監	警視副監
地質	濃紺絨	同
側章	白絨大線幅八分二條　小線幅一分一條	同
製式	長이靴踵의上際에止ᄒᆞᆷ　大小線의間隙各一分附囊은兩股에各一個를附ᄒᆞᆷ	同

第四表

袴		
名稱	警視總監	警視副監
品質	圓打金線徑三分五厘	同
金具	李花章銀色徑三分五厘 釦無地金色徑五分	同
製式	線十二條의鎖狀은織으로ᄒᆞ고李花章三個及上端에一個ᄅᆞᆯ附ᄒᆞ고長은凡五寸으로홈	線八條의鎖狀은鐵으로ᄒᆞ고其他ᄂᆞᆫ同上

第五表

飾帶	
名稱	警視總監　警視副監
品質	緋絹系織
總	緋絹絲長帶共六寸圓徑一寸五分銀色徑二分五厘의李花章帶半面二個ᄅᆞᆯ附홈 但副監은李花章을附치아니함
製式	長이凡五尺이니其兩端에總各二個ᄅᆞᆯ附ᄒᆞ고留ᄂᆞᆫ金具金色

第六表

劒		
名稱	警視總監	警視副監
中身	錬鐵	同
鍔	金色李花唐草	同
柄	鼈甲 絲金線三條背面을覆ᄒᆞᆫ金具ᄂᆞᆫ金色이오地ᄂᆞᆫ李花唐草ᄅᆞᆯ置홈	
鞘	鐵 鍍尼格兒로ᄒᆞ고釣鐶一個ᄅᆞᆯ附홈	同

第七表

劒帶		
名稱	警視總監	警視副監
品質	表 黑護謨革 裏 藍革	同

前金具	金色徑一寸三分五厘中央에李花章을置ᄒᆞ고其周圍ᄂᆞᆫ李花唐草로홈	同
製式	長이凡三尺五寸이오幅은一寸이오釣革長이第一의分은八寸이오第二의分은兩尺二寸이幅은七分이오其下端에茄子鐶을附ᄒᆞ고蹄輪幅은五分이오前金具의左右에各一個를附ᄒᆞ고其他金具ᄂᆞᆫ總히金色으로홈	同

第八表

正 緒	
名稱	警視總監 警視副監
總	金線 長이帶와五分圓徑中央에셔一寸
緒	金線圓打徑一分五厘 長三尺二寸을折返으로ᄒᆞ고兩端을合ᄒᆞ야總을附홈 緒締 金絲幅三分五厘圓徑四分五厘

제3916호, 융희 원년 11월 6일(수요)

○勅令

勅令第三十一號

陸軍服裝製式中添入件

隆熙元年勅令第二十六號陸軍服裝製式第四常衣製式中其上에下에「將官의相當宮과」七字를添入홈

隆熙元年十一月二日

御押　御璽　奉

勅　內閣總理大臣大勳　李完用

軍部大臣陸軍副將勳一等　李秉武

○部令

內部令第七號

巡査給與品及貸與品規則을左갓치定홈

隆熙元年十二月二十七日

內部大臣　任善準

巡査給與品及貸與品規則

第一條　巡査에게ᄂᆞᆫ帽(帽章並), 冬衣, 冬袴, 甲種外套, 乙種外套, 日覆, 夏衣, 夏袴, 下襟, 手套, 冬襯衣, 冬袴下, 夏襯衣, 夏袴下, 靴下, 長靴及短靴를給與홈

第二條　巡査에게ᄂᆞᆫ肩章, 劒, 劒緖, 劒帶, 外套, 締革, 手帖, 捕繩警留을貸與홈

第三條　給與品은現品으로支給홈但境遇를依ᄒᆞ야其一部惑은全部를代料로支給홈도有홈

給與品을代料로支給ᄒᆞᄂᆞᆫ境遇에ᄂᆞᆫ其員數에對ᄒᆞᄂᆞᆫ代價를一個年總額으로ᄒᆞ고月額으로써支給홈但代價ᄂᆞᆫ別로定홈

第四條　給與品에員數와保存期限과及支給期日은左와如홈

品名	員數	保存期限	支給期日
帽	一	十二個月	五月三十日
冬下	一		
冬袴	一		
甲種外套	一	二十四個月	九月三十日
乙種外套	一		
日覆	二		

夏衣	二	四個月	五月三十日
夏袴	二		
下襟	一二	十二個月	每月一日
手套	四	仝	一月一日　四月一日 七月一日　十月一日
冬襯衣	二	八個月	九月三十日
冬袴下	二	仝	仝
夏襯衣	二	四個月	五月三十日
夏袴下	二	仝	仝
靴下	一二	十二個月	每月一日
長靴	一	仝	一月一日
短靴	二	仝	一月一日　七月一日

前項의給與品으로支給期日以外에支給ᄒᆞᆫ者에保存期限은次回支給期日로爲終ᄒᆞᆷ但返納品으로支給ᄒᆞᆫ境遇에限ᄒᆞᆷ

第五條　貸與品又ᄂᆞᆫ保存期限이終치아니ᄒᆞᆫ給與品을毁損又ᄂᆞᆫ闕失ᄒᆞᆫ境遇에ᄂᆞᆫ他品을貸與或給與ᄒᆞ고其過失或怠慢에出ᄒᆞᆫ境遇에ᄂᆞᆫ此를辨償케ᄒᆞᆷ

第六條　貸與品은退職, 轉職, 又ᄂᆞᆫ死亡ᄒᆞᆫ境遇에ᄂᆞᆫ此를返納케ᄒᆞ고使用期限이終치아니ᄒᆞᆫ給與品도亦同ᄒᆞᆷ

第七條　給與品及貸與品의員數ᄂᆞᆫ此를減ᄒᆞ거나或은其保存期限을伸縮ᄒᆞᆷ을得ᄒᆞᆷ

附則

第八條　本令은隆熙二年一月一日로븟터施行ᄒᆞᆷ

第九條　光武十年十一月內部令第十五號權任巡檢給與品及貸與品支給規則은本令施行日로븟터廢止ᄒᆞᆷ

○勅令

朕이近衛騎兵隊下士以下禮服製式에關ᄒᆞᆫ件을裁可ᄒᆞ야玆에頒布케ᄒᆞ노라

隆熙二年二月十四日

御押　　御璽

內閣總理大臣　李完用

軍部大臣　李秉武

勅令第九號

近衛騎兵隊下士以下禮服製式

第一　禮帽

品質은黑絨質을用ᄒᆞ고體形은上尖中圓ᄒᆞ야鷄卵半折形과如히ᄒᆞ고上尖距下部前後左右에黃絲織細線一條式直附ᄒᆞ고同樣線으로李花를上尖處에循迴施附ᄒᆞ고其下半部最端에同色橫線一條를匝附ᄒᆞ고白駿毛(長略七寸을)上尖處로始ᄒᆞ야下部에覆垂ᄒᆞ고其上에紅木烏卵形製一個를花蕊攙으로堅立ᄒᆞ고白金絲片織二條를前面半部에交叉橫附ᄒᆞ되左右着結處에鍍金鑄製李花(長廣一分五厘)一個式釘着ᄒᆞ고黑革製前庇를前後에一個式半月形으로附ᄒᆞ고頤紐은黑革製小條를用ᄒᆞ고表章은鍍金鑄製李花(長廣三分)一個를附홈

第二　禮衣

品質은紅絨質이오衣長은體形의大小를隨ᄒᆞ야項部에셔腿骨에至ᄒᆞ고後裾約五寸을直割ᄒᆞ야分割處兩傍에綠色絨(長五寸廣一寸)을附着ᄒᆞ되上尖下

官報

廣ᄒᆞ고鍍金鑄製李花釦子를分割兩傍에各三個式直附ᄒᆞ고前面左右에鍍金鑄製李花釦子各七個式附ᄒᆞ고衣領은綠色絨으로ᄒᆞ고表章은左와如홈

袖章은綠色絨으로袖端前面約二寸上에表ᄒᆞ되下士ᄂᆞᆫ廣絨(三分)一條를附ᄒᆞ니其上에正校ᄂᆞᆫ細絨條(廣一分)三이오副校ᄂᆞᆫ二오叅校ᄂᆞᆫ一이오其下ᄂᆞᆫ廣條만除ᄒᆞ고上等兵은三條오一等卒은二條오二等卒은一條로홈

第三 禮袴

品質은黑絨質短袴니其長은體形을隨ᄒᆞ야腹部에셔踵部에至ᄒᆞ고左右縫章은綠色絨一條(下士ᄂᆞᆫ廣四分兵卒은廣三分)를附홈

第四 肩章

品質은黃絲圓織四條(經一分五厘)로鎖狀과如히ᄒᆞ되長은二寸四分으로ᄒᆞ고其上端에鍍金鑄製李花小釦一個를附홈

附則

本令은頒布日로븟터施行홈

제4052호, 융희 2년 4월 20일(월요)

○布達

東宮職員供奉服規制及提燈規制를左갓치定홈이라

隆熙二年三月二十日奉

勅 宮內府大臣 李允用

布達第一百七十三號

東宮職員供奉服規制及提燈規制를左갓치定ᄒᆞ고頒布日로붓터施行홈

東宮職員供奉服規制

		勅任	奏任	判任
上衣	地質	黑絨	上仝	上仝
	製式	堅襟背廣形이니前相合ᄒᆞ야鈕釦에止ᄒᆞ고左右에二個隱을付ᄒᆞ며襟에셔腰部周邊에至ᄒᆞ기ᄭᆞ지幅五分되ᄂᆞᆫ黑毛緣을付ᄒᆞ고又背面縫合部에幅五分되ᄂᆞᆫ黑毛緣을付ᄒᆞ고兩側을堅케裂ᄒᆞ니圖와如홈	上仝	堅襟背廣形이니前은一重이오金色鈕釦五個를一行에付홈
	袖章	袖口에셔三寸을距ᄒᆞ야幅六分되ᄂᆞᆫ黑毛緣二條를周홈	上仝	袖口에셔三寸을距ᄒᆞ야幅三分되ᄂᆞᆫ黑毛緣一條를付ᄒᆞ고後縫合部에二個金色鈕釦를付홈
	頸章	襟周邊에幅二分되ᄂᆞᆫ黑毛緣을付ᄒᆞ고襟兩端에李花를金繡ᄒᆞ니圖와如홈	上仝	襟兩端에金色李花鈕釦各一個를付홈
袴	地質	黑絨	上仝	上仝
	製式	普通製	上仝	上仝
	側章	外部縫合部에幅一寸되ᄂᆞᆫ黑毛緣一條를付홈	外部縫合部에幅六分되ᄂᆞᆫ黑毛緣一條를付홈	
帽	地質	黑絨	上仝	上仝
	製式	圓形이니眉庇ᄂᆞᆫ黑塗革이오支革을付ᄒᆞ되兩端을金色鈕釦에止ᄒᆞ고鉢卷上下에幅四分되ᄂᆞᆫ黑毛緣二條를周ᄒᆞ니圖와如홈	鉢卷上下에幅二分되ᄂᆞᆫ黑毛緣二條를周ᄒᆞ니他ᄂᆞᆫ同홈	黑毛緣은無ᄒᆞ고他ᄂᆞᆫ同홈
	前章	鉢卷前部中央에李花를金繡홈	上仝	上仝
外套	地質	黑絨	上仝	上仝
	製式	二重襟이니各五個金色鈕釦를兩行에付ᄒᆞ고左右에各一個隱을付ᄒᆞ며背面은左右에各三個金色鈕釦를付ᄒᆞ고下部中央을堅케裂ᄒᆞ니圖와如홈	上仝	上仝
	袖章	袖口에셔三寸을距ᄒᆞ야幅六分되ᄂᆞᆫ黑毛緣二條를周홈	黑毛緣一條를周ᄒᆞ고他ᄂᆞᆫ同홈	
	製式	圖와如ᄒᆞ니鞘ᄂᆞᆫ黑革	上仝	

釼	釼章	柄은金具니中央側面에太極鍔及鎖末金具에李花를打出홈	上仝	
	釼帶	表面은黑塗革이오裡面은赤革으로ᄒᆞ되前方은金色太極에止ᄒᆞ니圖와如홈	上仝	
		提燈規則 製式及其他는圖와如홈	上仝	上仝
(以下次出)				

제4054호, 융희 2년 4월 22일(수요)

○布達

布達第一百七十三號(續)

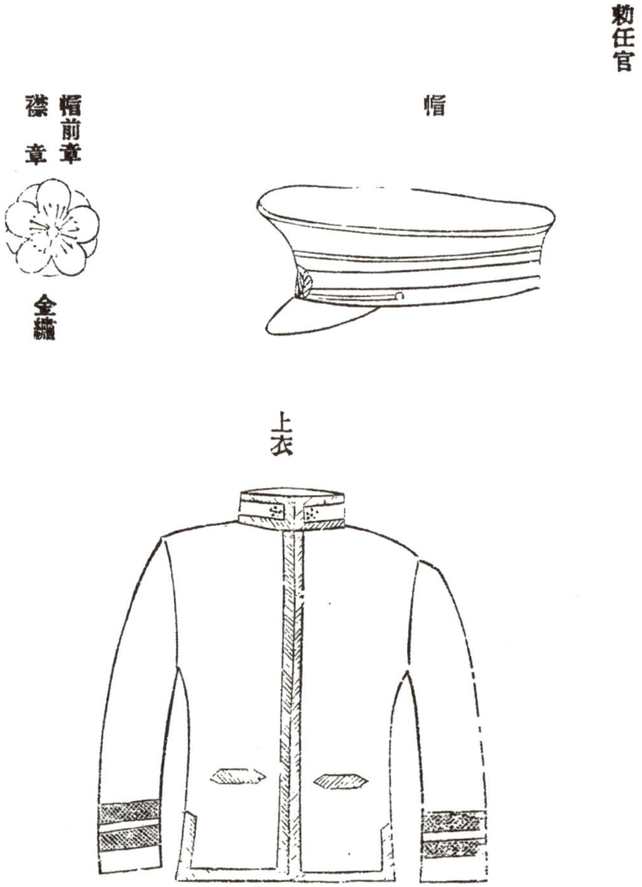

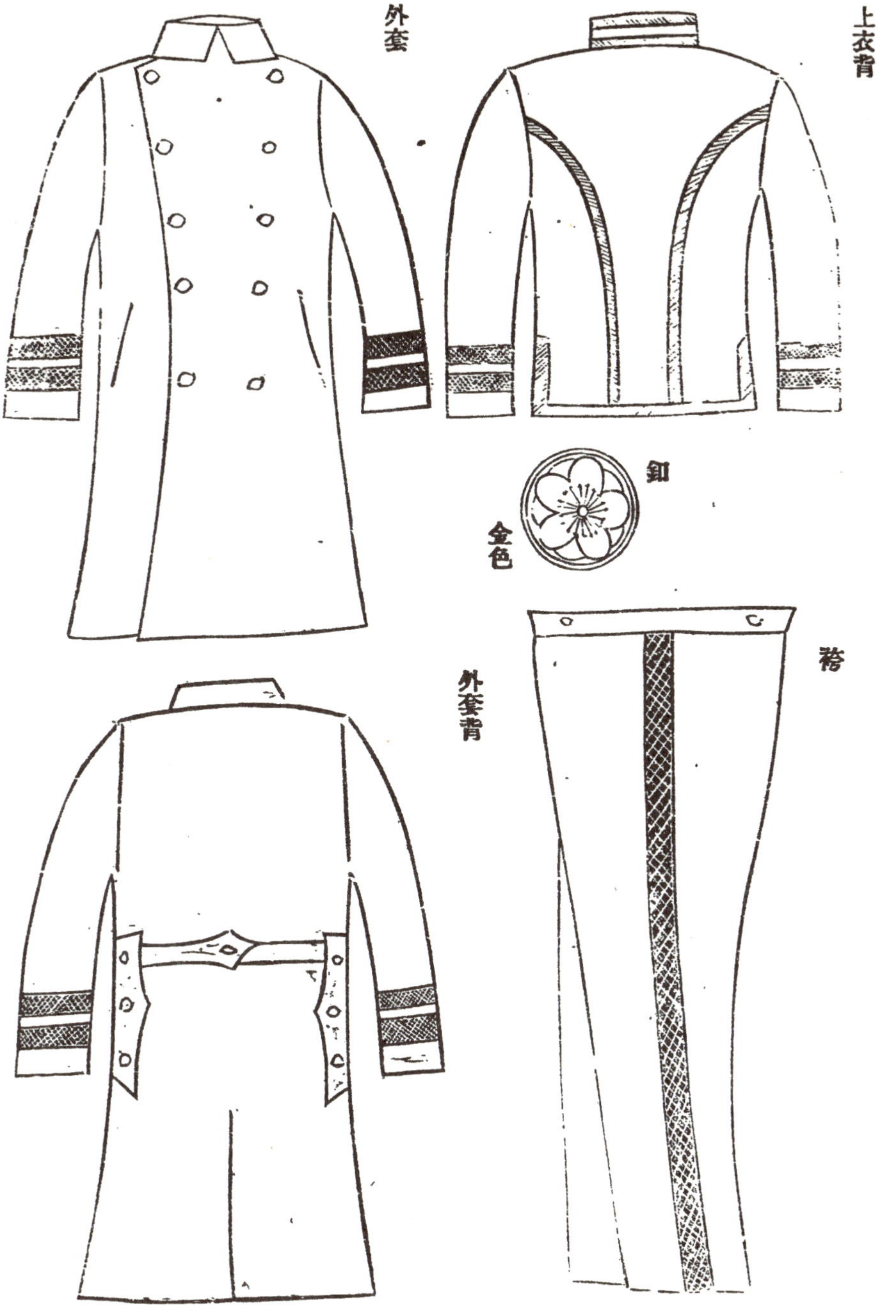
外套
上衣背
釦
金色
外套背
袴

官報

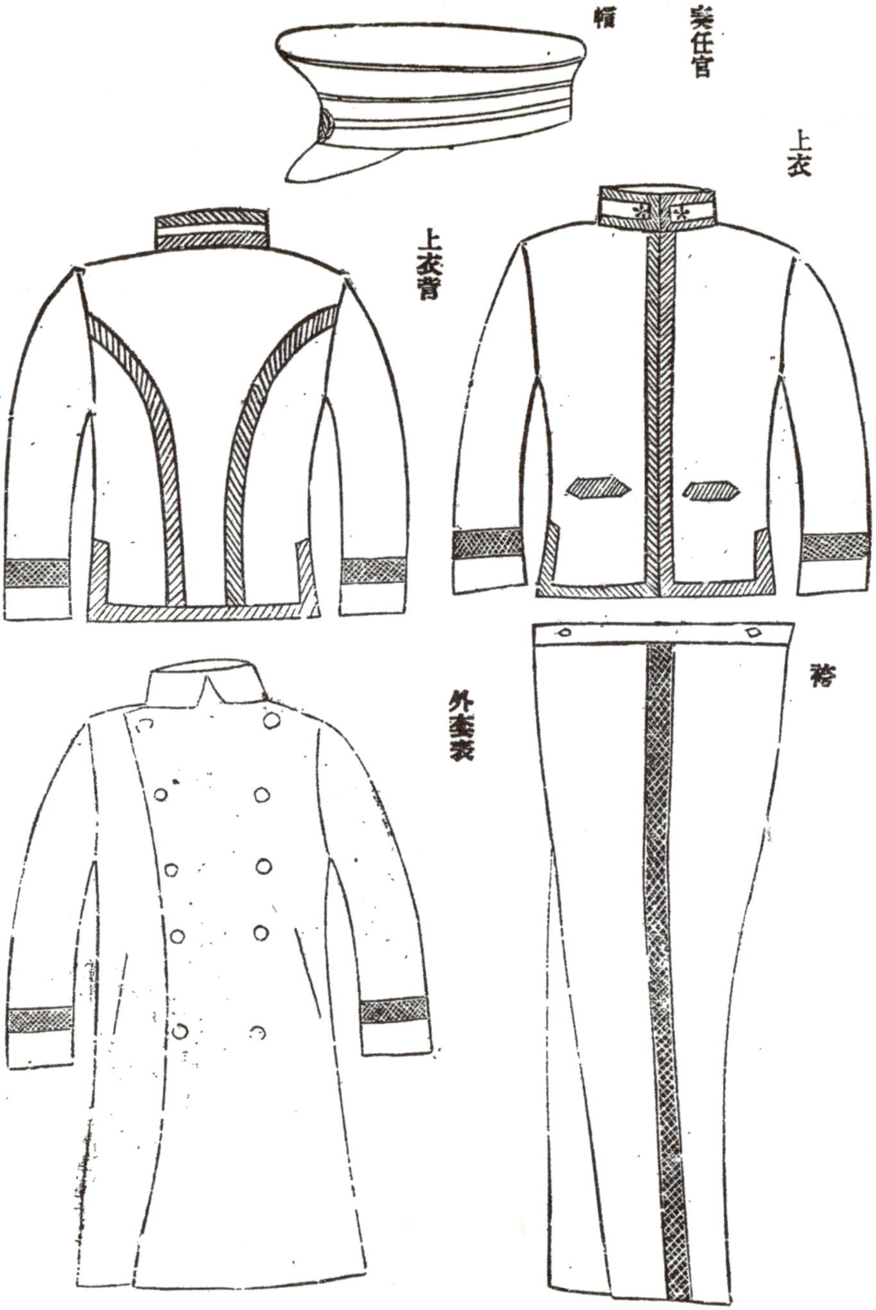

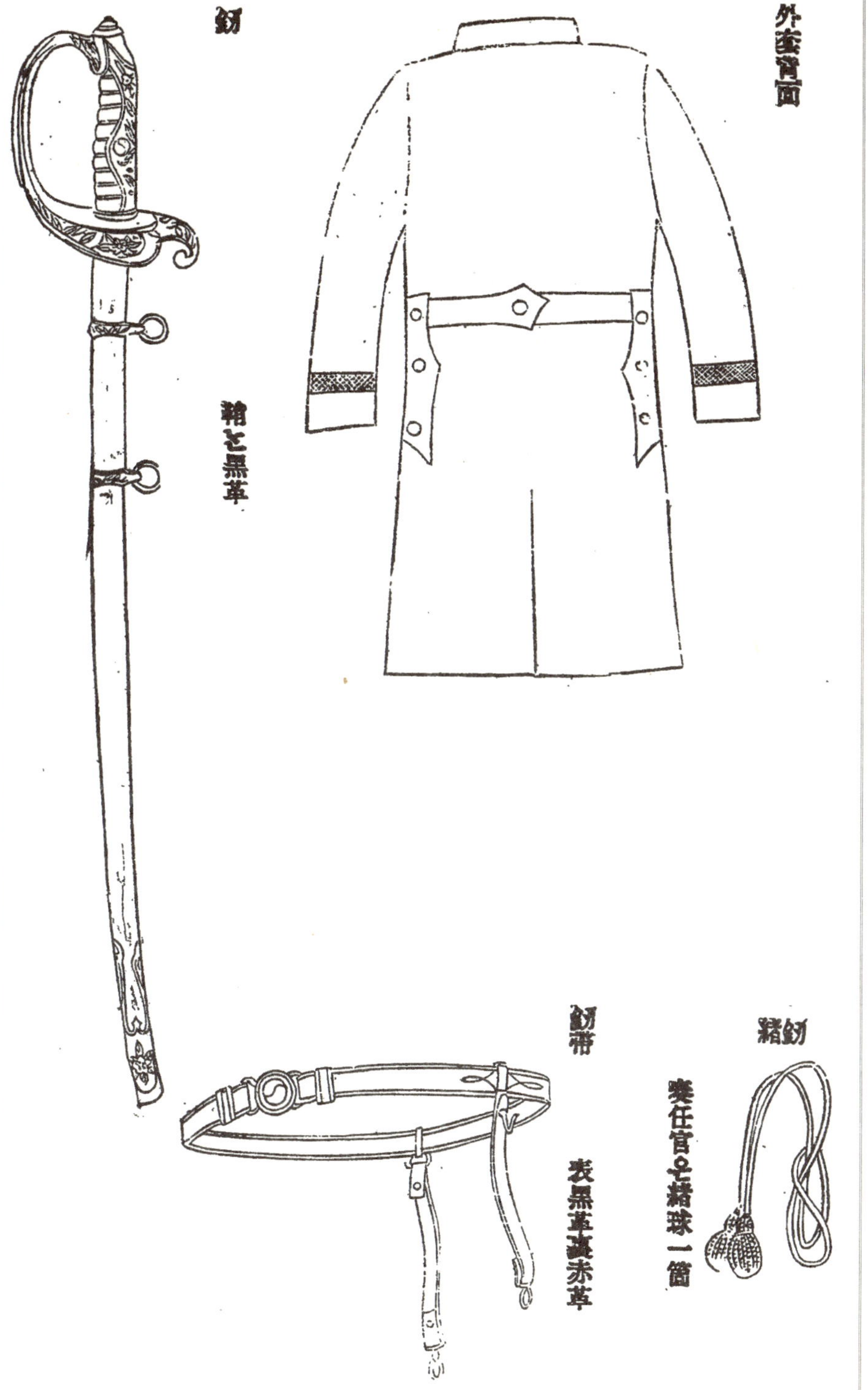
外套背面
釼
鞘은黑革
釼帶
表黑革裏赤革
緒釼
奏任官은緒球一箇

判任官

帽

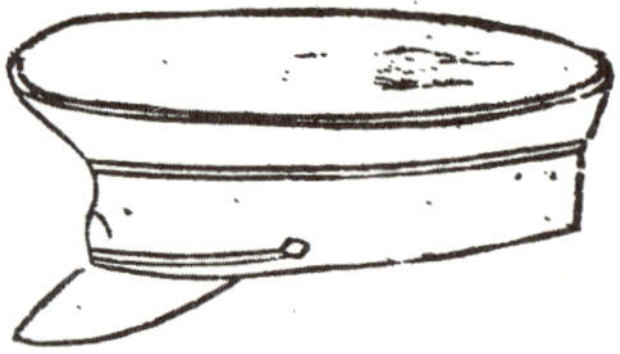

上衣背

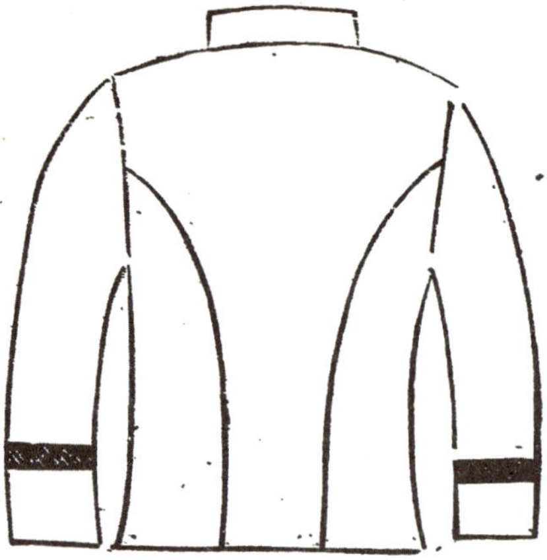

上衣

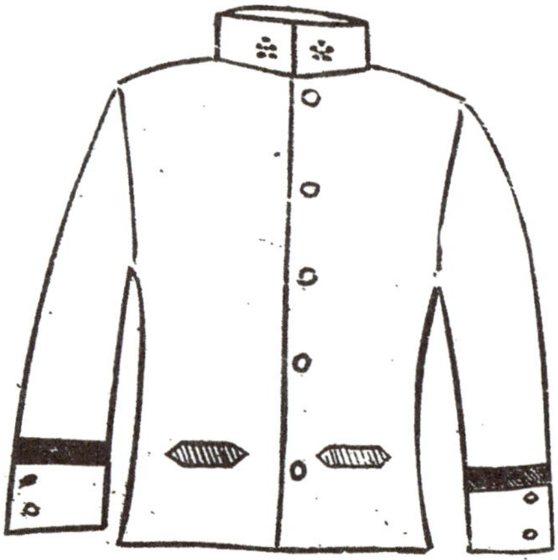

袴

外套表

外套背面

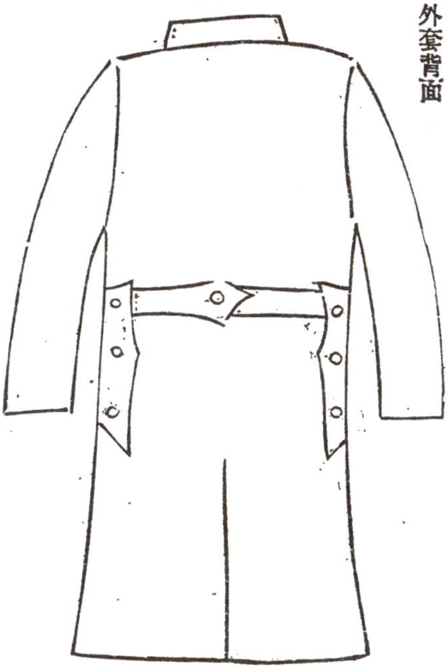

提灯

殿下用

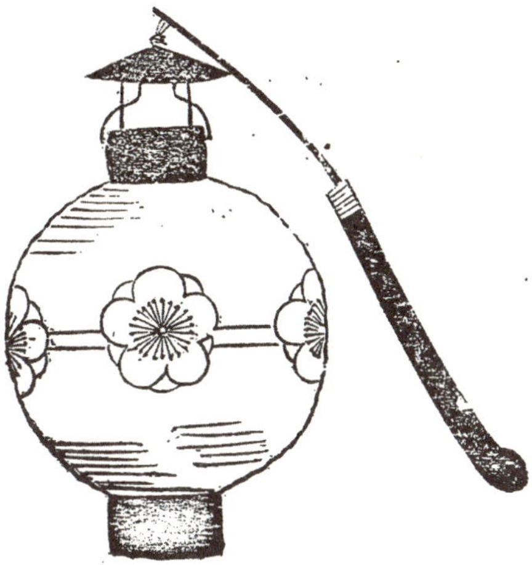

高等官用

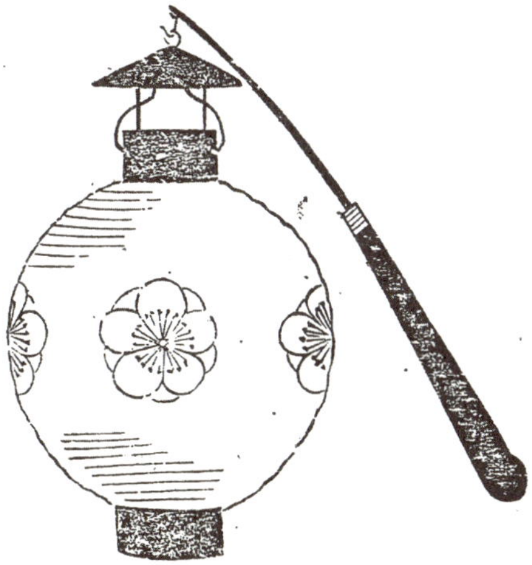

徽章李花

判任官

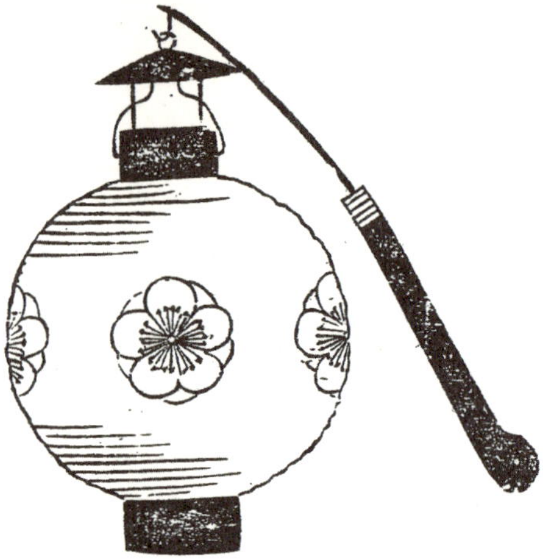

제4072호, 융희 2년 5월 13일(수요)

○布達

掌禮院樂師長以下服制를左갓치定ᄒᆞᆷ이라

隆熙二年三月二十日奉

勅　　　宮內府大臣　李允用

布達第一百七十六號

掌禮院樂師長以下服制를左갓치定ᄒᆞ고頒布日로븟터施行ᄒᆞᆷ

掌禮院樂師長以下服制					
		奏任	判任		
		樂師長	樂師	樂手長	樂手
	地質	黑絨襟赤絨	上仝	上仝	上仝
	製式	쟈켓도形堅襟胸一重이니金色鈕釦二個를一行에付ᄒᆞ고左右에各二個隱을付ᄒᆞᆷ	上仝	上仝	上仝

上衣	頸章	襟周邊에幅二分되ᄂᆞᆫ金線一條ᄅᆞᆯ周ᄒᆞ고襟兩端에金色樂器形章ᄋᆞᆯ付ᄒᆞᆷ	上仝	襟兩端에樂器形章ᄋᆞᆯ付ᄒᆞᆷ	上仝
	袖章	袖口에셔三寸ᄋᆞᆯ距ᄒᆞ야幅一寸及五分되ᄂᆞᆫ金線二條ᄅᆞᆯ周ᄒᆞ고經五分되ᄂᆞᆫ金色李花二個ᄅᆞᆯ付ᄒᆞᆷ	幅一寸되ᄂᆞᆫ金線一條ᄅᆞᆯ周ᄒᆞ고李花一個ᄅᆞᆯ付ᄒᆞ며他ᄂᆞᆫ同ᄒᆞᆷ	幅五分되ᄂᆞᆫ銀線二條ᄅᆞᆯ周ᄒᆞ고經五分되ᄂᆞᆫ銀色李花二個ᄅᆞᆯ付ᄒᆞ되但二級樂手長ᄋᆞᆫ李花一個ᄅᆞᆯ付ᄒᆞᆷ	幅五分되ᄂᆞᆫ銀線一條ᄅᆞᆯ周ᄒᆞ고銀色李花一個ᄅᆞᆯ付ᄒᆞ되但一等樂手ᄂᆞᆫ李花ᄅᆞᆯ付치아니ᄒᆞ고平樂手ᄂᆞᆫ袖章이無ᄒᆞᆷ
	肩章	地質赤絨釵尖形이니幅一寸五分長三寸이오全緣에幅三分되ᄂᆞᆫ金線ᄋᆞᆯ周ᄒᆞ고中央部에幅三分되ᄂᆞᆫ縱金線ᄋᆞᆯ施ᄒᆞ야其上에各經五分되ᄂᆞᆫ金色李花二個ᄅᆞᆯ付ᄒᆞᆷ	縱金線中央部에李花一個ᄅᆞᆯ付ᄒᆞ고他ᄂᆞᆫ同ᄒᆞᆷ	縱金線ᄋᆞᆯ付치아니ᄒᆞ고他ᄂᆞᆫ同ᄒᆞᆷ	上仝
	鈕釦	金色圓形이니經ᄋᆞᆫ七分으로ᄒᆞ고李花ᄋᆞᆯ中央部에打出ᄒᆞᆷ	上仝	上仝	上仝
袴	地質	赤絨	上仝	上仝	上仝
	製式	普通製	上仝	上仝	上仝
	側章	外部縫合部에幅五分되ᄂᆞᆫ黑毛緣二條ᄅᆞᆯ付ᄒᆞᆷ	上仝	幅五分되ᄂᆞᆫ黑毛緣一條ᄅᆞᆯ付함	上仝
帽	地質	黑絨	上仝	上仝	上仝
	製式	圓形이니眉庇ᄂᆞᆫ黑塗革이오支革ᄋᆞᆯ付ᄒᆞ되兩端ᄋᆞᆯ金色鈕釦에止ᄒᆞ고鉢卷에赤絨ᄋᆞᆯ周ᄒᆞ야其上에幅三分되ᄂᆞᆫ金線二條ᄅᆞᆯ周ᄒᆞᆷ	鉢卷에金線一條ᄅᆞᆯ周ᄒᆞ고他ᄂᆞᆫ同ᄒᆞᆷ	鉢卷에幅五分되ᄂᆞᆫ銀線一條ᄅᆞᆯ周ᄒᆞ고他ᄂᆞᆫ同ᄒᆞᆷ	鉢卷에線ᄋᆞᆫ無ᄒᆞ고他ᄂᆞᆫ同ᄒᆞᆷ
	前章	金色이니中央部에太極一個와上部에李花一個ᄅᆞᆯ付ᄒᆞ고李花枝二條로擁圍ᄒᆞ니圖와如ᄒᆞᆷ	上仝	上仝	上仝
外套	地質	黑絨	上仝	上仝	上仝
	裝式	普通製竪襟胸二重이니金色鈕釦各五個ᄅᆞᆯ兩行에付ᄒᆞᆷ	上仝	胸一重이니鈕釦ᄅᆞᆯ一行에付하고他ᄂᆞᆫ同ᄒᆞᆷ	上仝
	前章	金色圓形이니中央部에李花ᄅᆞᆯ打出하되大者ᄂᆞᆫ經七分이오小者ᄂᆞᆫ經三分으로ᄒᆞᆷ	上仝	上仝	上仝

夏衣略服					
上衣	地質	가기色小倉地	上仝	上仝	上仝
	製式	자껫도形堅襟胸一重이니角製鈕釦五個를一行에付홈	上仝	上仝	上仝
	頸章	襟兩端에金色樂器形章을付홈	上仝	上仝	上仝
	袖章	金色李花二個를付홈	李花一個를付홈		
袴	地質	가기色小倉地	上同	上同	上同
	製式	普通製	上同	上同	上同
(圖式次出)					

제4073호, 융희 2년 5월 14일(목요)

○布達

布達第一百七十六號(續)

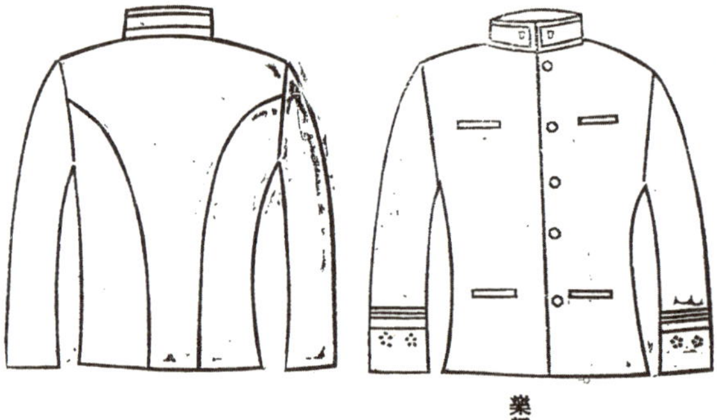

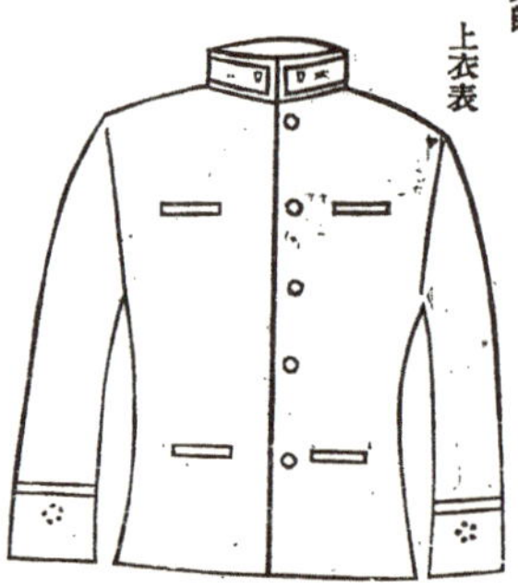

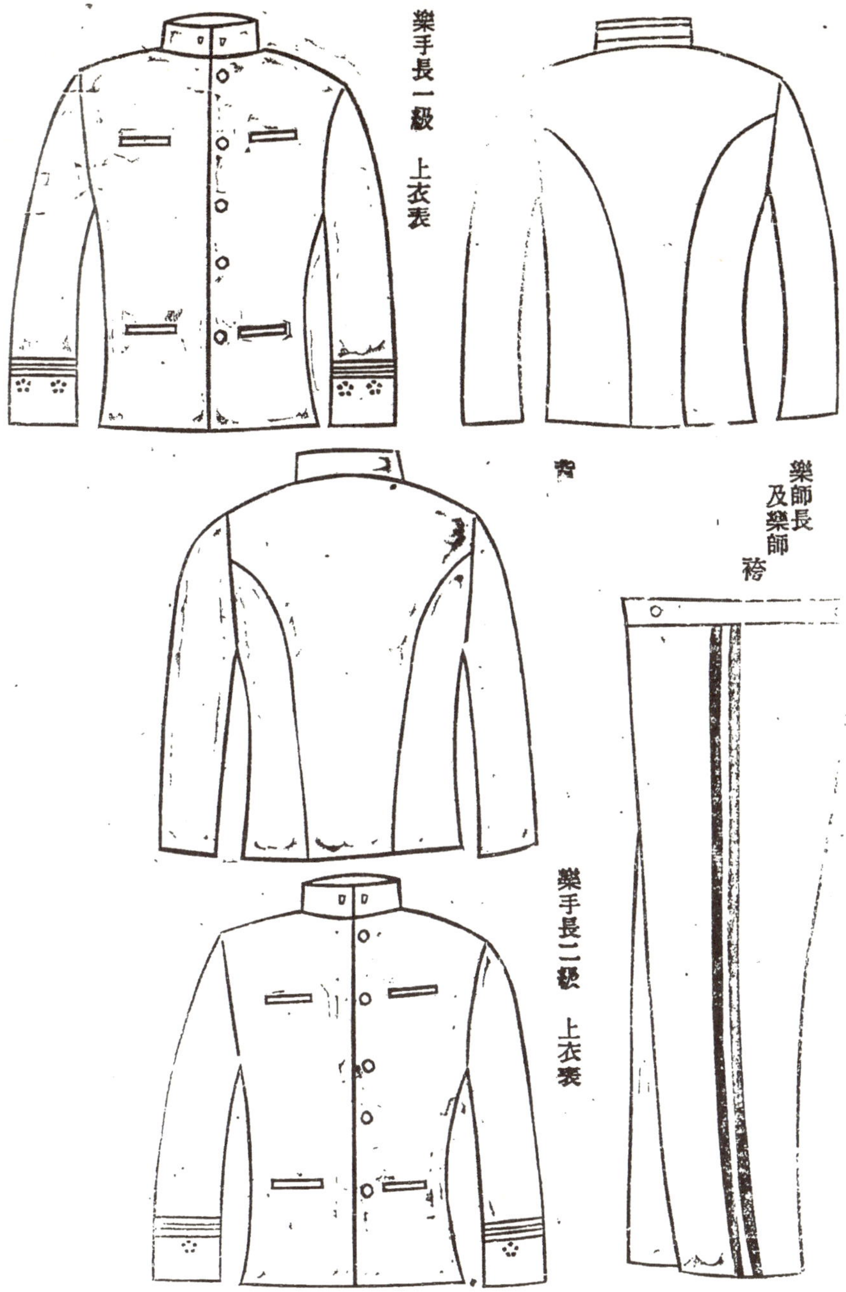
樂手長一級 上衣表
樂師長及樂師 袴
樂手長二級 上衣表

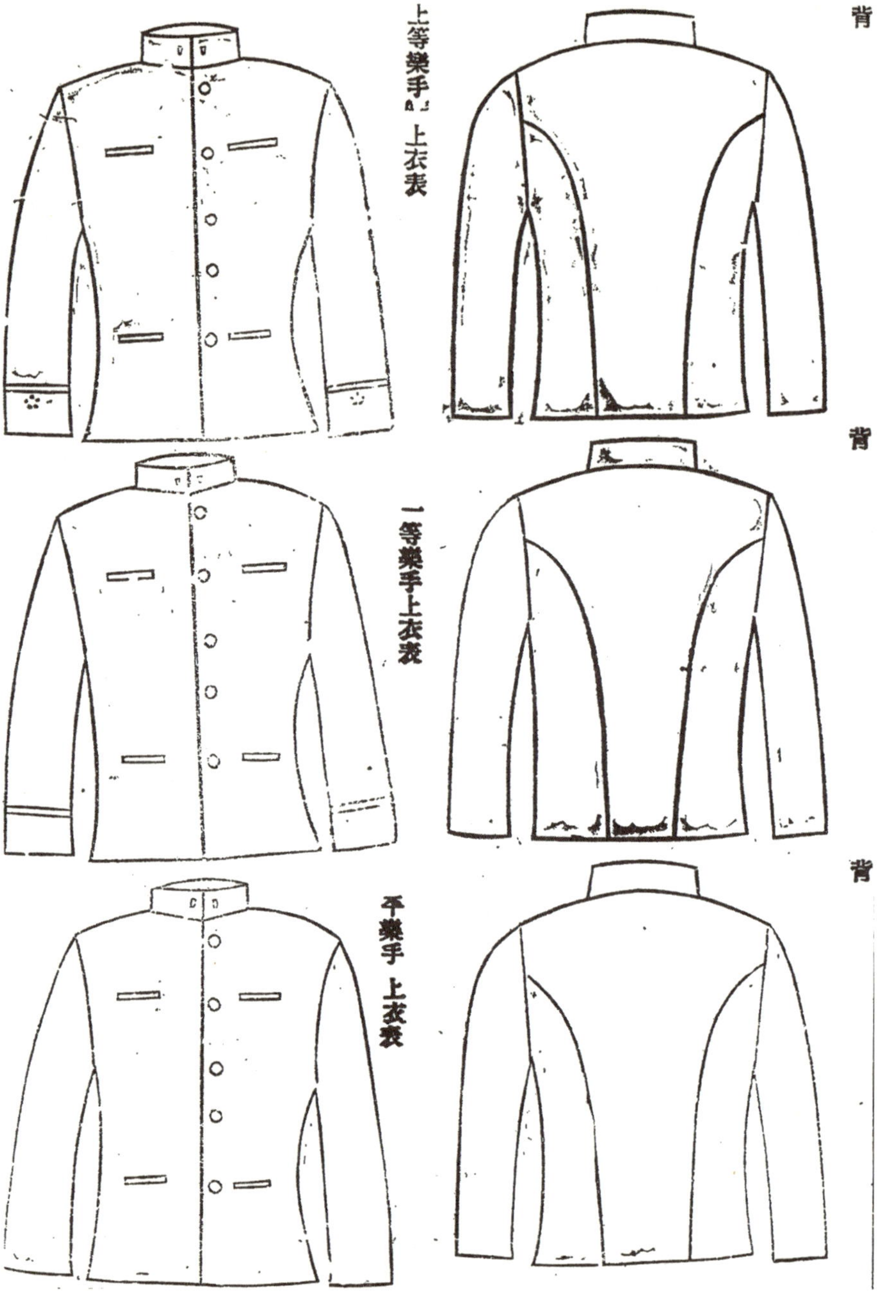
上等樂手 上衣表
背
一等樂手上衣表
背
平樂手 上衣表
背

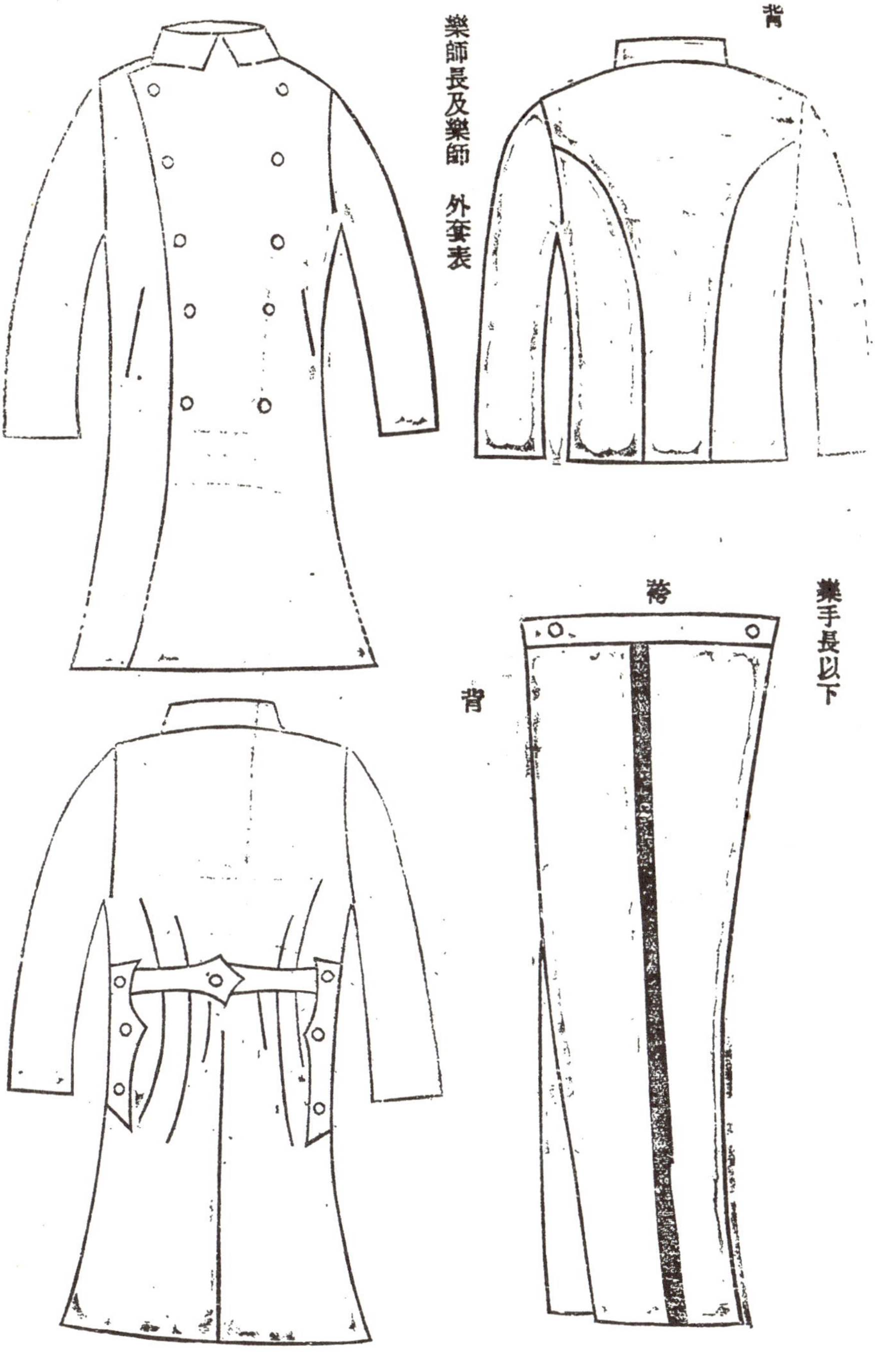
樂師長及樂師 外套表
背
袴
樂手長以下
背

樂手長及樂手 外套表

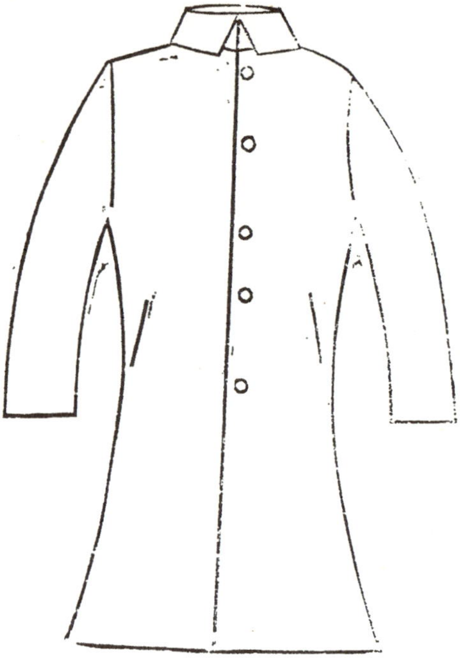

背

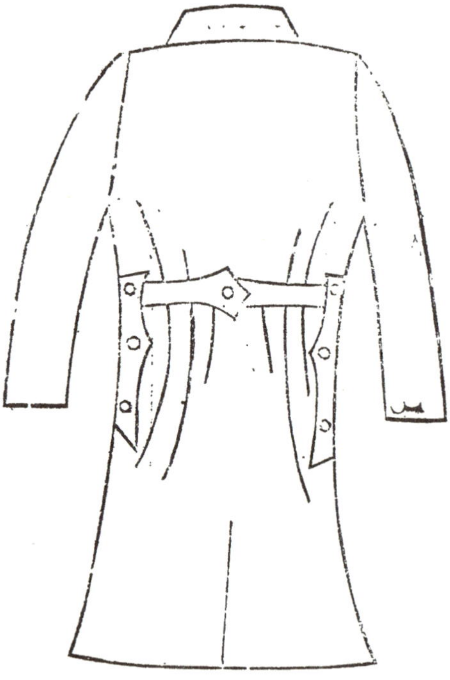

帽前章

樂器形章

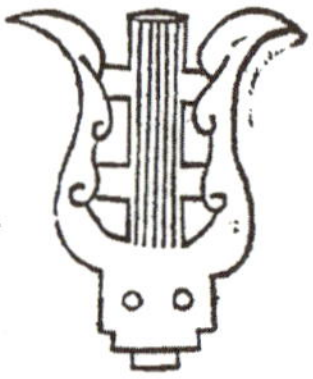

釦

樂師長 肩章

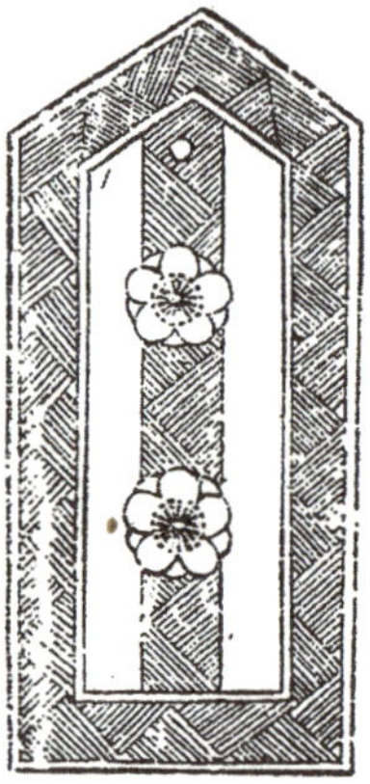

樂師

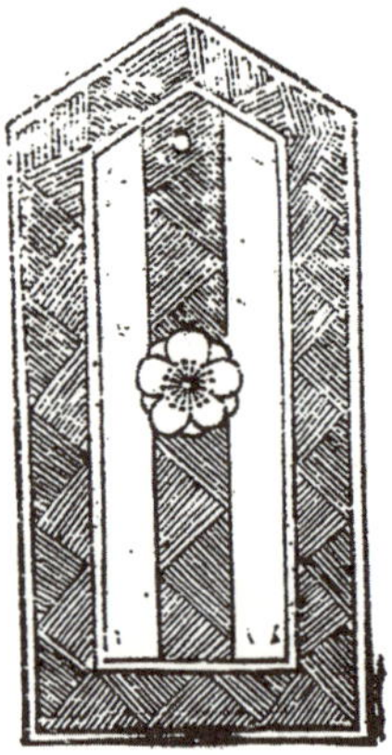

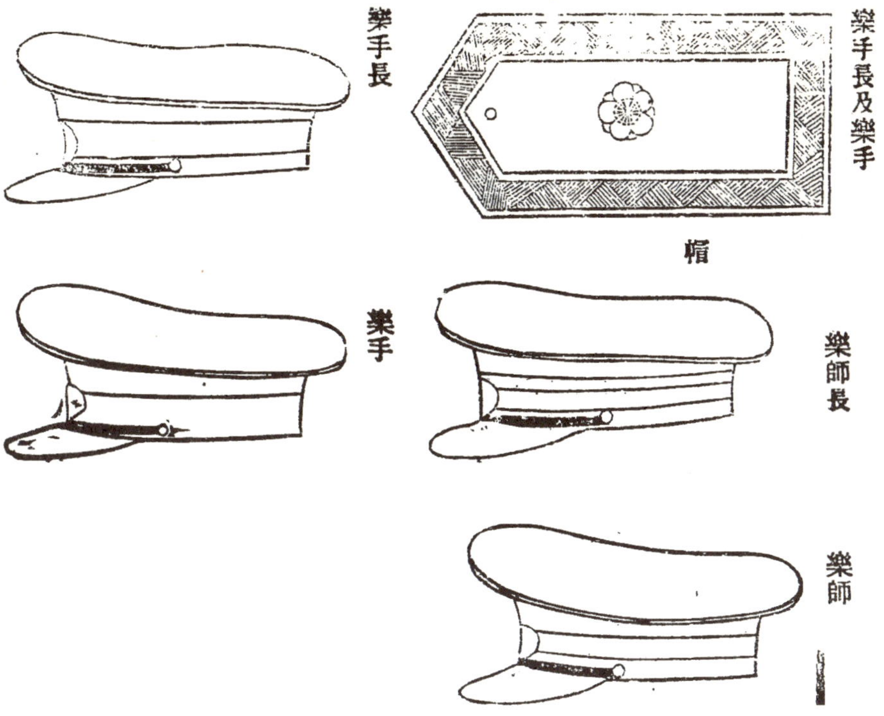

제4106호, 융희 2년 6월 22일(월요)

○ 勅令

朕이監獄官服制及提燈徽章에關ᄒᆞᆫ件을裁可ᄒᆞ야玆에頒布케ᄒᆞ노라

隆熙二年六月十七日

御押　　御璽

內閣總理大臣　李完用

法部大臣　高永喜

勅令第三十三號

監獄官服制及提燈徽章制定件

監獄官服制及提燈徽章을左갓치定홈

附則

本令은頒布日로붓터施行홈但典獄及看守長은現今間乙號服制를用홈을得함

本令에抵觸되는從前의規定은此를廢止홈

甲號　監獄官服制						
名稱	帽	上衣	袴	甲種外套	乙種外套	日覆
	肩章	刀	刀帶	正緒	常緒	

名稱	帽				
	典獄	看守長	看守部長	看守	女監取締
地質	上部는濃紺絨이요下部는茶褐絨	仝	仝	仝	鼠色絨
帽章	金色李花니經一寸	仝	眞鍮李花니經一寸	仝	李花經一寸에葉과莖을附ᄒᆞ되白色寒冷絲로홈
眼庇	革製니表는黑色이요裏는萌黃色	仝	仝	仝	
頤紐	黑革이니幅三分金色李花釦經三分되는二個를付함	仝	仝 眞鍮李花釦經三分되는二個를附홈	仝	
橫線	金線半織幅三分되는二條를中間에地質一分을顯出ᄒᆞ고附홈	金線平織幅三分되는一條를中央에附홈			鼠色리본이니幅一寸
製式	下部의高는一寸三分이요上部의喰出幅은一分이니茶褐絨	仝	仝	仝	高는三寸이요線의幅은一寸五分
形狀	圖와如홈	仝	仝	仝	仝

名稱		上衣				
		典獄	看守長	看守部長	看守	女監取締
地質		黑絨 夏衣ᄂᆞᆫ茶褐色(品質은適宜)	仝	同 夏衣ᄂᆞᆫ茶褐雲齊	仝	黑綾絨夏衣ᄂᆞᆫ鼠色린널
釦		金色圓形經六分이니胸部에五個를附홈	仝	眞鍮圓形經六分이요他ᄂᆞᆫ同홈	仝	
襟章		金色李花章經三分되ᄂᆞᆫ二個ᄅᆞᆯ襟의兩端에一個式附홈	仝	眞鍮李花章經三分되ᄂᆞᆫ二個ᄅᆞᆯ襟의兩端에一個式附홈	仝	
袖章	品質	黑線平打三分夏衣ᄂᆞᆫ茶褐平打三分章ᄂᆞᆫ金色李花니經三分	仝	黑線平打一分五厘 夏衣ᄂᆞᆫ茶褐平打一分五厘 章ᄂᆞᆫ眞鍮李花니經三分	仝	
	製式	袖口로셔三寸되ᄂᆞᆫ處에一線을半面으로附ᄒᆞ고地質一分을顯隔ᄒᆞ야又一線을附홈 線의下部에章三個ᄅᆞᆯ附홈	同 章二個ᄅᆞᆯ附홈	同 章一個ᄅᆞᆯ附홈	袖口로셔三寸되ᄂᆞᆫ處에一線을附홈 章一個ᄅᆞᆯ附홈	
製式		襟幅一寸二分 兩脇下部에三寸五分을裂홈物入은前面右便에一個며左便에二個ᄅᆞᆯ附홈	仝	仝	仝	襟幅一寸物入은內部兩脇에一個式附홈 隱釦角五個ᄅᆞᆯ附홈
形狀		圖와如홈	仝	仝	仝	仝

名稱	袴				
	典獄	看守長	看守部長	看守	女監取締
地質	黑絨 夏衣ᄂᆞᆫ茶褐(品質은適宜)	仝	仝 夏衣ᄂᆞᆫ茶褐雲齊	仝	黑綾絨 夏衣ᄂᆞᆫ鼠色린널
製式	兩腰에物入을各一個式附홈	仝	仝	仝	紐幅은二寸五分이요長은適宜히ᄒᆞ며前紐ᄂᆞᆫ後에結ᄒᆞ고後紐兩端에眞鍮金具ᄅᆞᆯ附ᄒᆞ야前部에셔掛合홈

形狀	圖와如흠	仝	仝	仝	仝

名稱	甲種外套				
	典獄	看守長	看守部長	看守	女監取締
地質	黑絨 裏黑色(品質은適宜)	仝	仝	仝	仝
釦	金色圓形이요內에李花章을附ᄒᆞ고經은七分五厘니胸部에十二個를附ᄒᆞ되二行으로ᄒᆞ며側部에六個와收紐에二個를附흠 襟과後裂에ᄂᆞᆫ黑角釦를適宜히附흠	仝	眞鍮圓形이요內에李花章을附ᄒᆞ고經은七分五厘니胸部에十二個며收紐에一個를附흠他ᄂᆞᆫ右와同흠	仝	
袖章	黑線平打三分되ᄂᆞᆫ一條를袖口로셔四寸되ᄂᆞᆫ處에周環으로附흠金色李花章經三分되ᄂᆞᆫ二個를黑線下部에橫으로附흠	同 章一箇를附흠	黑絲平打幅一分五厘되ᄂᆞᆫ一條를袖口로셔四寸되ᄂᆞᆫ處에附흠		
製式	長은靴踵의上際를距ᄒᆞᄂᆞᆫ約六寸 襟幅은二寸物入은前面左右에各一個를附흠	仝	仝	仝	長은靴踵의上際를距ᄒᆞᄂᆞᆫ約六寸 襟幅은一寸前部의隱釦角五個 物入은前面左右에各一個를附흠
形狀	圖와如흠	仝(典獄의分)	仝	仝	仝

名稱	乙種外套			
	典獄	看守長	看守部長	看守
地質	黑絨 裏黑色(品質은適宜)	仝	仝	仝
釦	黑角釦三個를胸部에附흠	仝	仝	仝
製式	長은適宜히흠 襟幅은二寸	仝	前面의長은襟下로셔一尺六寸이요背面의長은一尺八寸二分 襟幅은二寸	仝
形狀	圖와如흠	仝	仝	仝

名稱	日覆			
	典獄	看守長	看守部長	看守
地質	茶褐色布	仝	仝	仝
製式	帽形을從하야上部만覆홈	仝	仝	仝

名稱	肩章			
	典獄	看守長	看守部長	看守
地質	地ᄂᆞᆫ黑絨	仝	仝	仝
釦竝章	金色李花章經三分되ᄂᆞᆫ一個金色圓形釦經三分되ᄂᆞᆫ一個	仝	眞鍮李花章經三分되ᄂᆞᆫ一個眞鍮圓形釦經三分되ᄂᆞᆫ一個	仝
製式	緣에平織金線三分을周ᄒᆞ고縱으로同金線二條를二分間隔을置ᄒᆞ야附ᄒᆞ고上部에圓形釦며下部에李花章를附ᄒᆞ니長四寸三分이요幅은一寸七分	緣에平織金線三分을周ᄒᆞ고中央에縱으로同金線一條를附홈他ᄂᆞᆫ右와同홈	緣에平織金線三分을周ᄒᆞ고上部에圓形釦며下部에李花章를附홈長은右와同홈	仝
形狀	圖와如홈	仝	仝	仝

名稱	刀			
	典獄	看守長	看守部長	看守
中身	鍊鐵	仝	仝	仝
鍔	金色李花及唐草를彫刻홈	仝	眞鍮	仝
柄	藍鮫니絲金線三條를卷ᄒᆞ며背面을覆ᄒᆞᆫ金具ᄂᆞᆫ金色地요右目에李花唐草를置홈	仝	黑革이니眞鍮線을卷ᄒᆞ며背面을覆ᄒᆞᆫ金具ᄂᆞᆫ眞鍮니長六寸	仝
鞘	洋銀이ᄂᆞ又ᄂᆞᆫ白銅鍍ᄒᆞᆫ鐵이니釣鐶一個를附홈	仝	磨鐵이니長은一尺八寸으로乃至兩尺이며釣鐶一個를附홈	仝
形狀	圖와如홈	仝	仝	仝

名稱	刀 帶			
	典獄	看守長	看守部長	看守
地質	表ᄂᆞᆫ黑革裏ᄂᆞᆫ靑革	仝	黑革	仝
前金具	金色이니經一寸四分이요中央에李花며其周邊에唐草를彫刻함	仝	眞鍮니經一寸	仝

官報

製式	長은適宜히ᄒᆞ며幅은一寸이요釣革의幅은五分이되或鐵銷ᄅᆞᆯ用ᄒᆞ며長은一尺이니其下端에茄子鐶을附ᄒᆞᆷ金具ᄂᆞᆫ總히金色으로ᄒᆞᆷ	仝	長은適宜히ᄒᆞ며幅은一寸二分이요釣革의幅은六分五厘요長은三寸이며金具ᄂᆞᆫ總히眞鍮로ᄒᆞᆷ	仝
形狀	仝	仝	仝	仝

名稱	正 緖	
	典獄	看守長
總	金線 長은一寸五分이요圓徑은中央에셔九分	銀線 長은一寸五分이요圓徑은中央에셔九分
緖	金線丸打經一分五厘요長三尺二寸을折返ᄒᆞ야兩端을合ᄒᆞ야總을附ᄒᆞᆷ緖締ᄂᆞᆫ金線	銀線이니右와同ᄒᆞᆷ 緖締銀線이니右와同ᄒᆞᆷ
形狀	圖와如ᄒᆞᆷ	仝

名稱	常 緖			
	典獄	看守長	看守部長	看守
總	黑絹絲 長은一寸三分이요圓徑은中央에셔八分	仝	革製니茶色이요長은總緖共三尺二寸	仝
緖	黑絹絲니製式은正緖와同ᄒᆞᆷ	仝		
形狀	圖와如ᄒᆞᆷ	仝	仝	仝

乙號 監獄官服制				
名稱	帽	上衣	袴	外套, 日覆, 肩章, 刀, 刀帶, 正緖及常緖ᄂᆞᆫ甲號服制와同ᄒᆞᆷ

名稱	帽	
	典獄	看守長
地質	濃紺絨	仝
帽章	金色李花니經一寸	仝
眼庇	革製니表ᄂᆞᆫ黑色이요裏ᄂᆞᆫ萌黃色	仝
顋紐	黑革이니幅三分金色李花釦經三分되ᄂᆞᆫ二個ᄅᆞᆯ付ᄒᆞᆷ	仝
橫章	白絨幅五分되ᄂᆞᆫ二條와同絨幅一分되ᄂᆞᆫ一條ᄅᆞᆯ附ᄒᆞ되中間과上下에各各一分을隔ᄒᆞ야地質을顯出ᄒᆞᆷ	白絨幅六分되ᄂᆞᆫ二條ᄅᆞᆯ附ᄒᆞ되中間에一分을隔ᄒᆞ야地質을顯出ᄒᆞᆷ
製式	下部의高ᄂᆞᆫ一寸三分	仝
形狀	圖와如ᄒᆞᆷ	仝

名稱		上衣	
		典獄	看守長
地質		黑絨 夏衣는白色(品質은適宜)	仝
釦		金色圓形經六分이니胸部에五個를附홈	仝
襟章	品質	黑色平打니大線은五分이요小線은一分五厘	仝
	裝式	大線一條를上緣에沿ᄒᆞ야附ᄒᆞ고一分을隔ᄒᆞ야小線一條를並行ᄒᆞ고又小線一條를下端에附홈	大線一條를上緣에沿ᄒᆞ야附ᄒᆞ고小線一條를下端에附홈
袖章	品質	大線은黑線打平니五分이요小線은黑組紐一分五厘	동
	製式	鐶에沿ᄒᆞ야大線二條와小線一條를山形으로附ᄒᆞ고尖端에輪을附ᄒᆞ니線의間隙은各一分	鐶에沿ᄒᆞ야大線一條와小線二條를附ᄒᆞ되小線一條는平打로홈
製式		襟의幅은一寸三分이요袖의長은腕의關節에至홈長은臏骨의上端으로四寸五分을下ᄒᆞ며脇下三寸五分을裂홈物入은前面左右及左胸部에各一個를附홈	仝
形狀		圖와如홈	仝(典獄의分)

名稱	袴	
	典獄	看守長
地質	黑絨 夏衣는白布(品質은適宜)	仝
側章	白絨幅八分되는二條夏에는側章을附치아니홈	白絨幅八分되는一條(仝)
製式	長은靴踵上際에止ᄒᆞ며物入은兩腰에各一個를附홈	仝
形狀	圖와如홈	仝(典獄의分)

제4107호, 융희 2년 6월 23일(화요)

○ 勅令

勅令第三十三號(續)

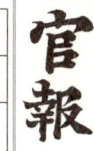

帽

典獄

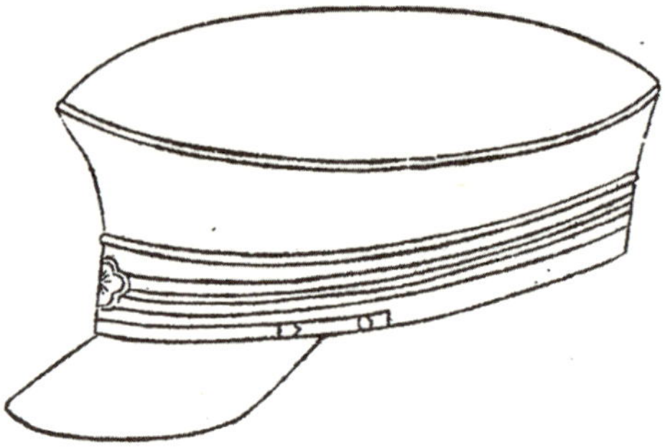

看守長

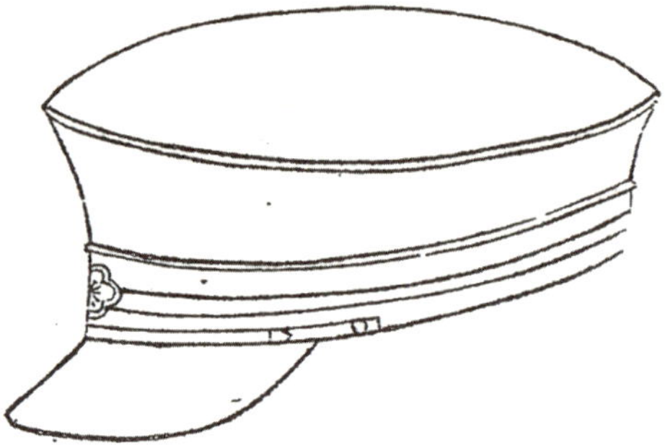

帽章

典獄　看守長

看守部長　看守

看守部長　看守

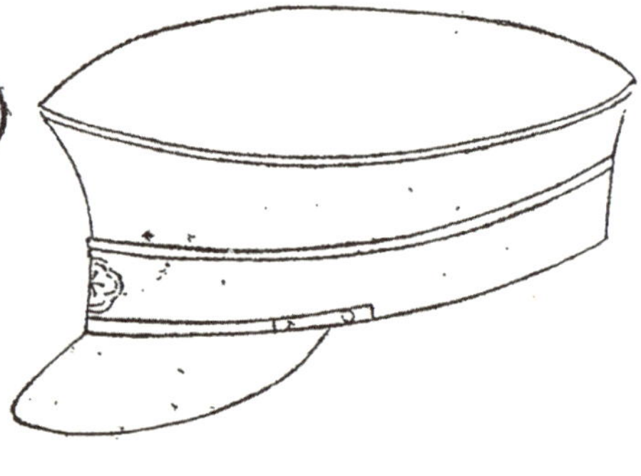

女監取締

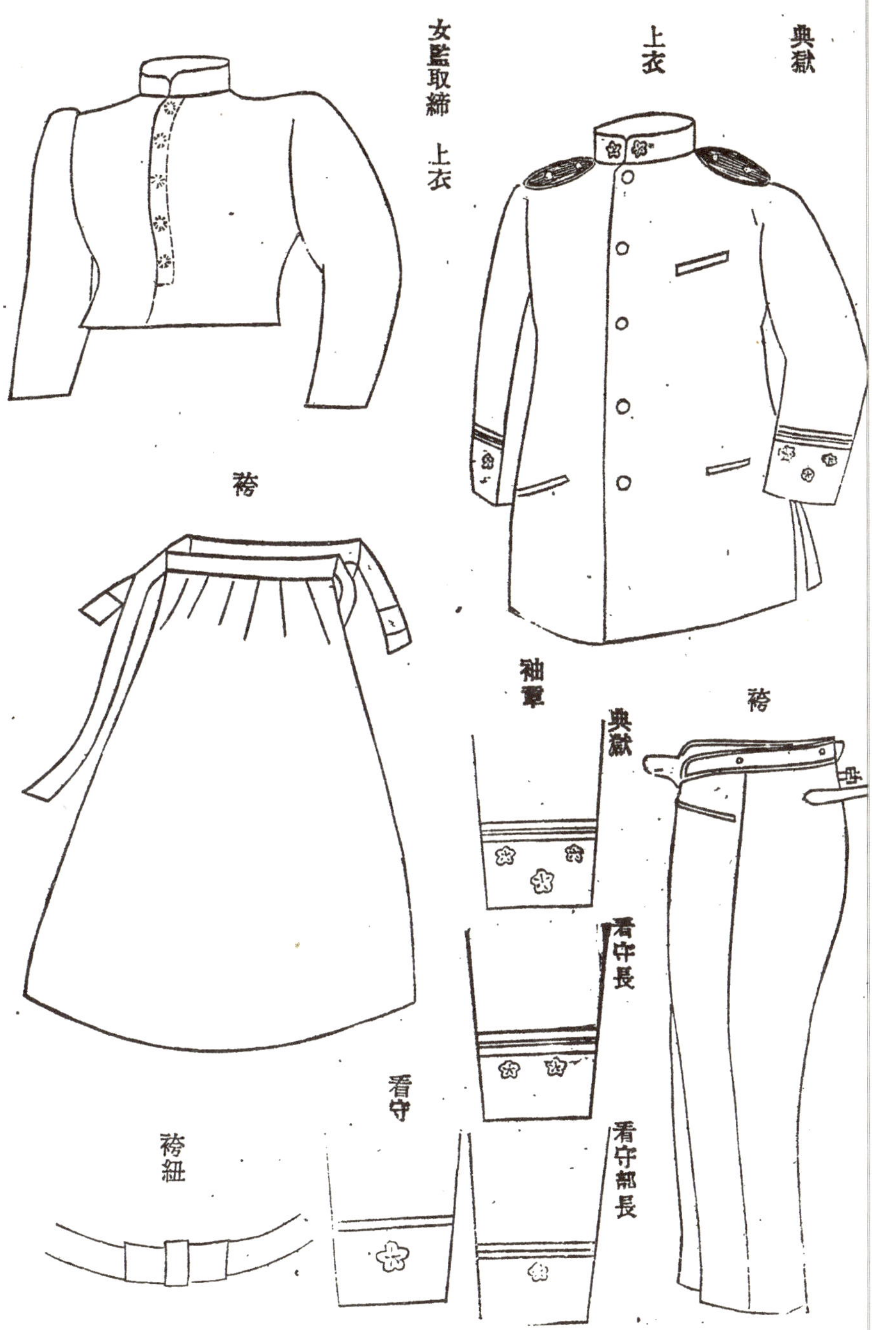
典獄
上衣
女監取締 上衣
袴
袖章
典獄
袴
看守長
看守
袴紐
看守部長

官報

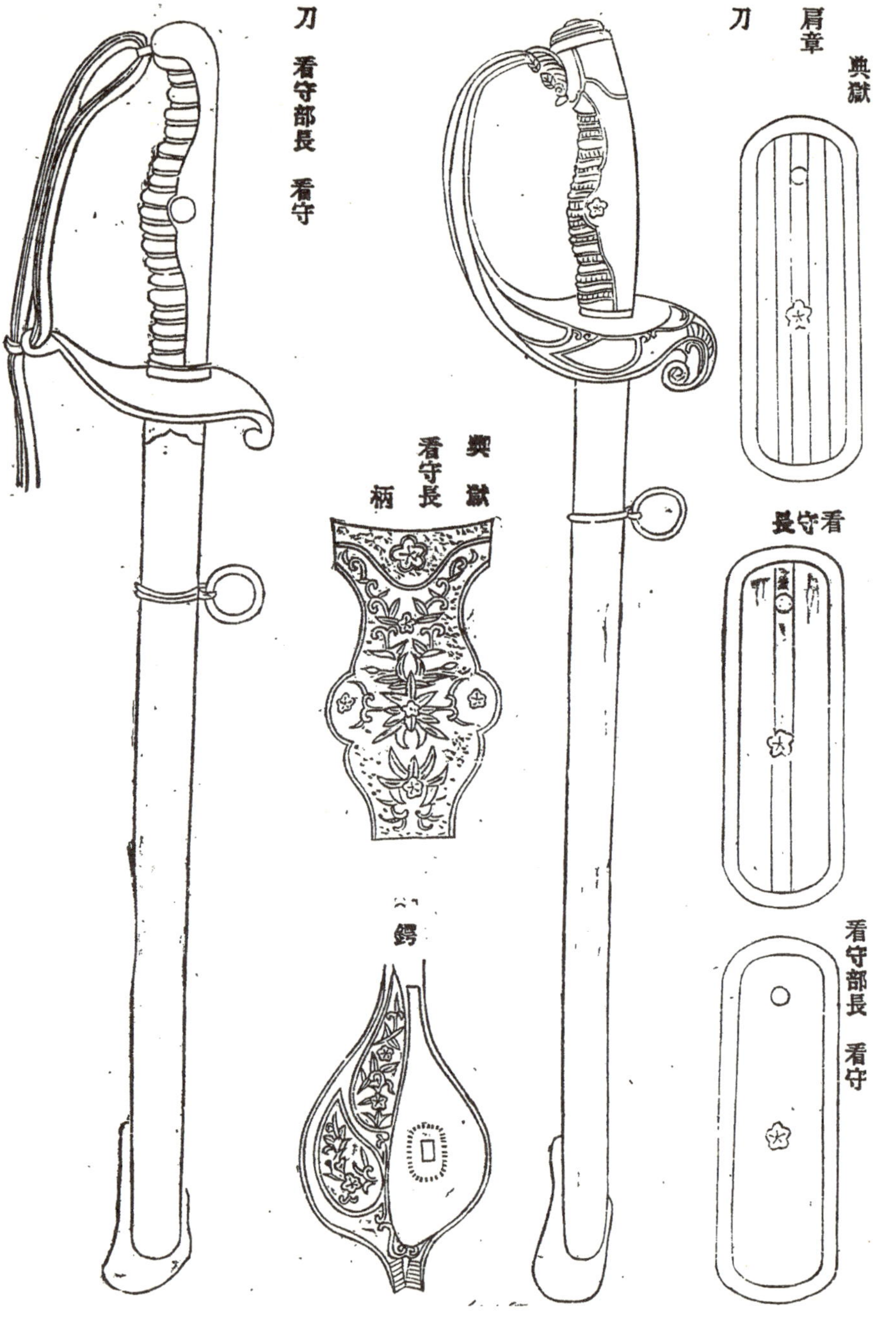

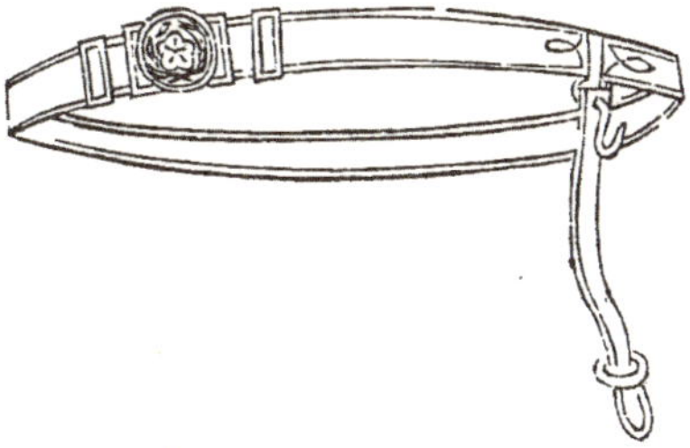

刀帶 典獄 看守長

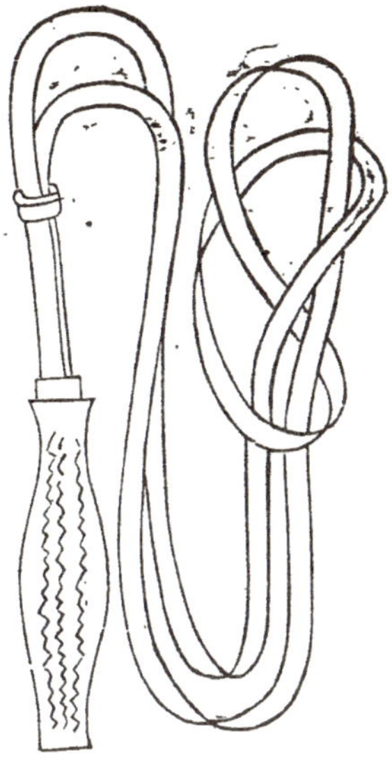

看守部長 看守

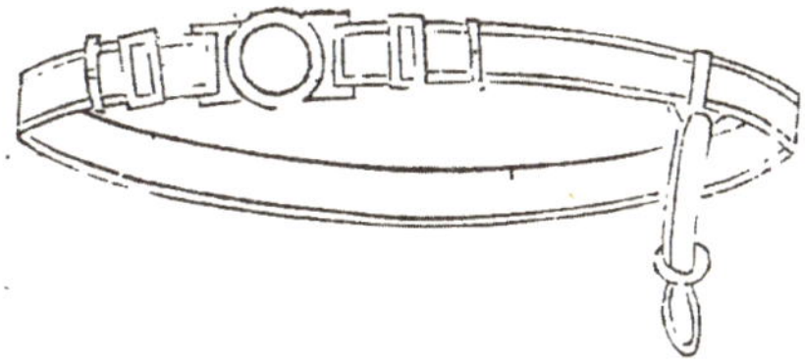

看守部長 看守

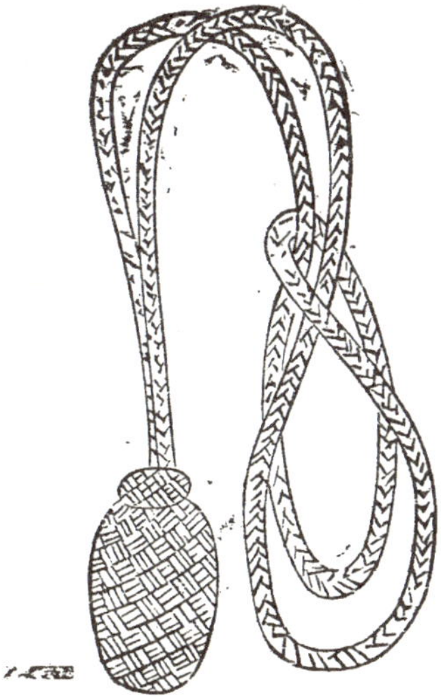

刀緖 典獄 看守長

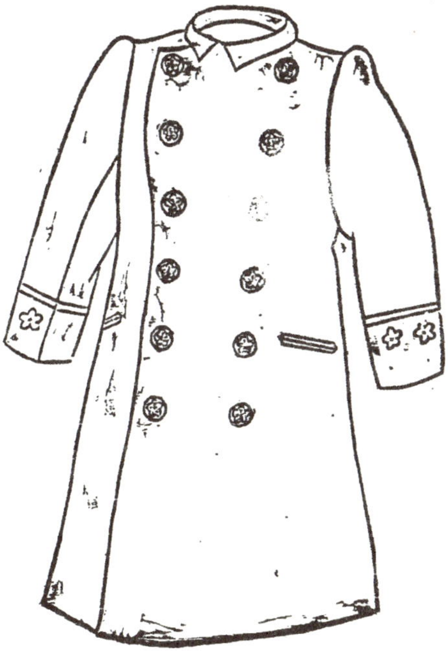

外套 典獄

外套 看守部長

外套袖章 看守部長

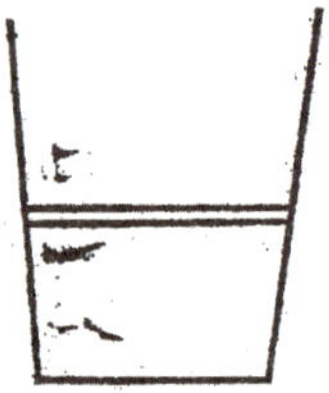

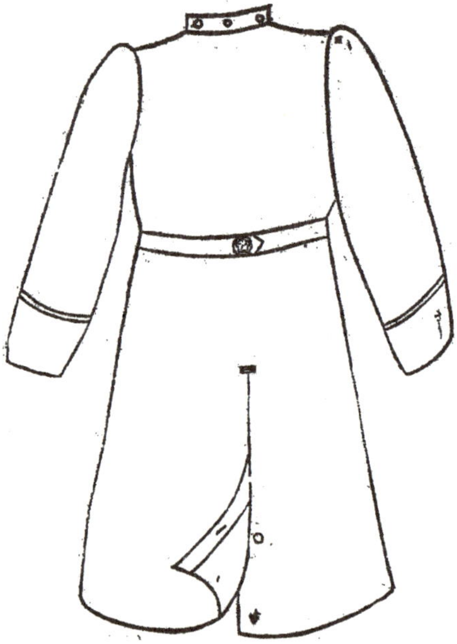

典獄 外套袖章

看守

看守長

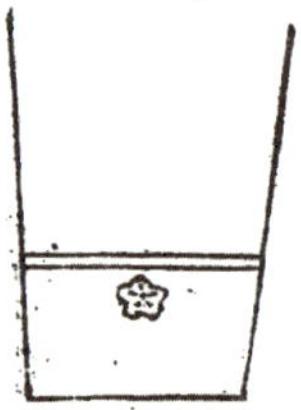

官報

外套 女監取締

外套雨覆

乙種外套

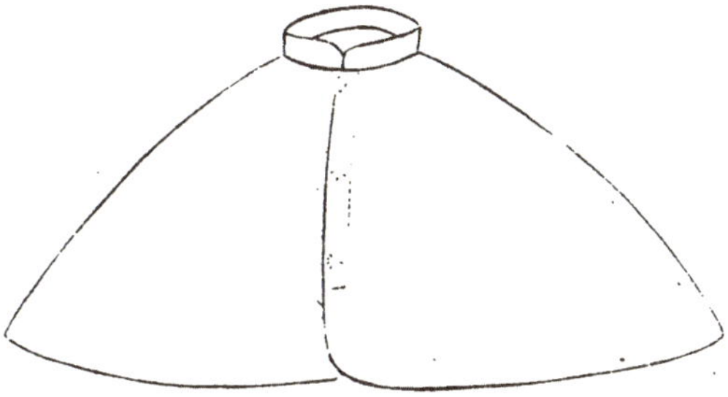

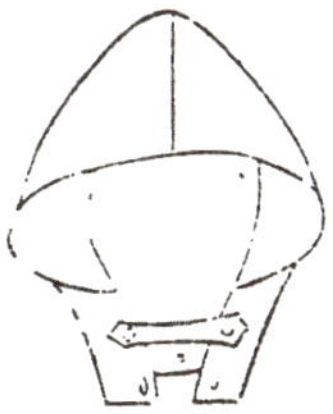

提燈 典獄

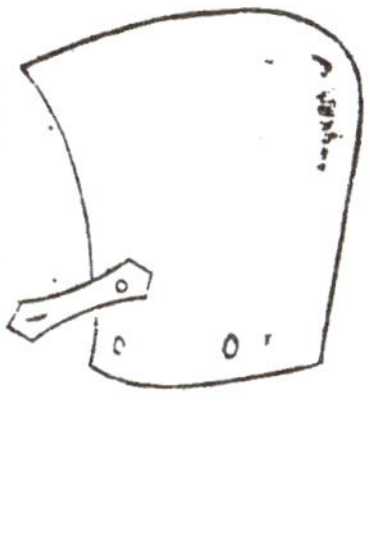

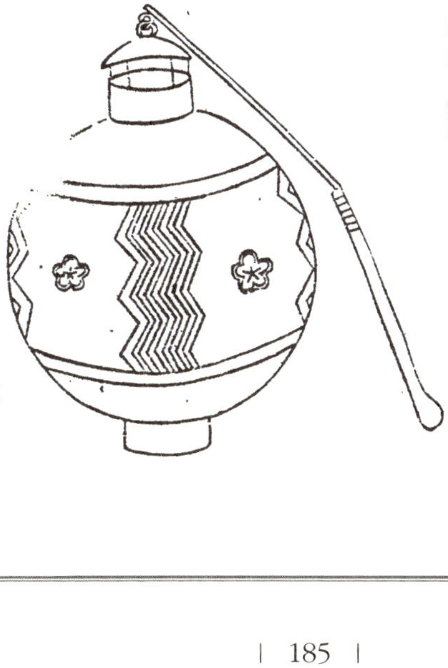

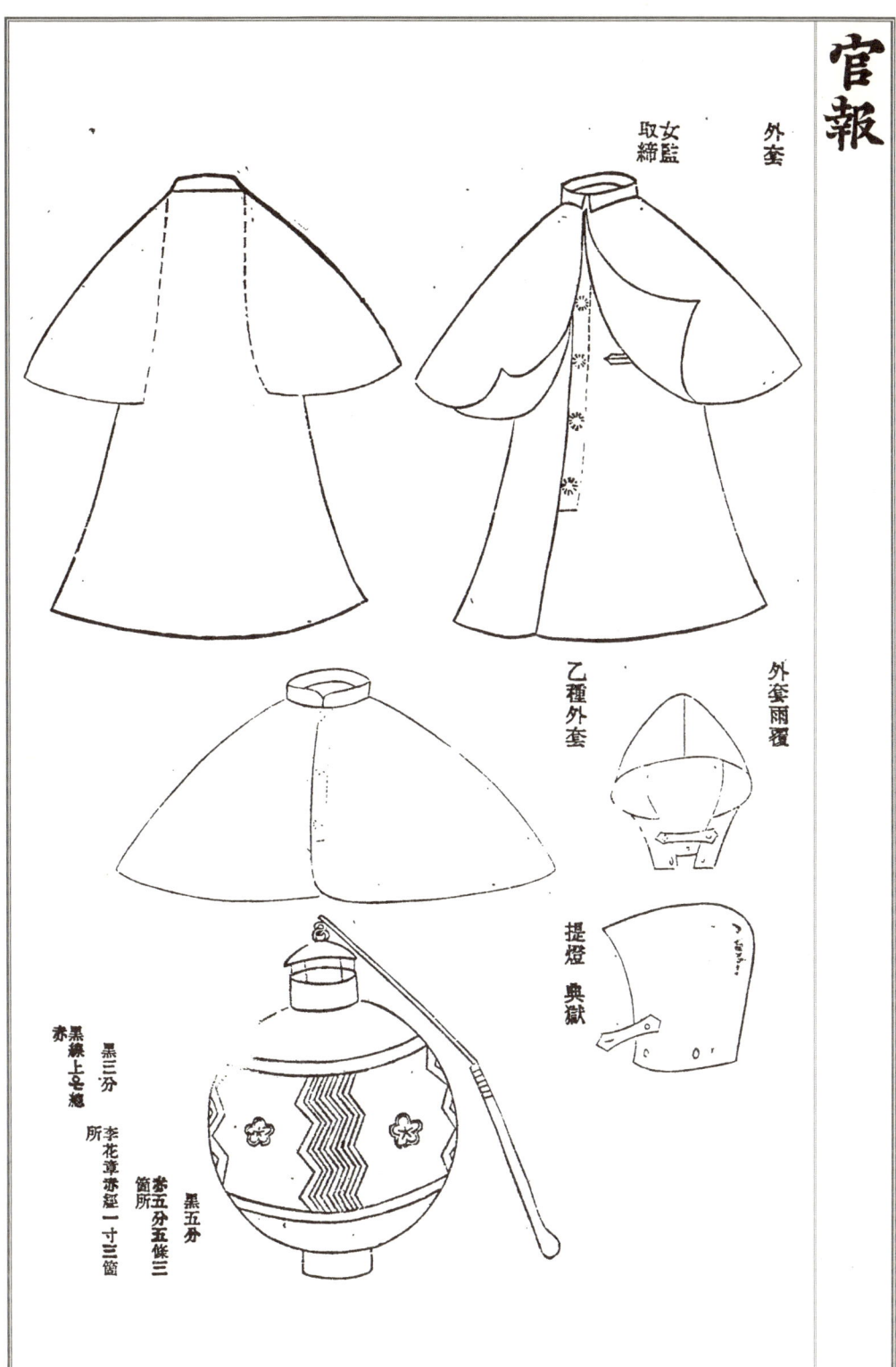

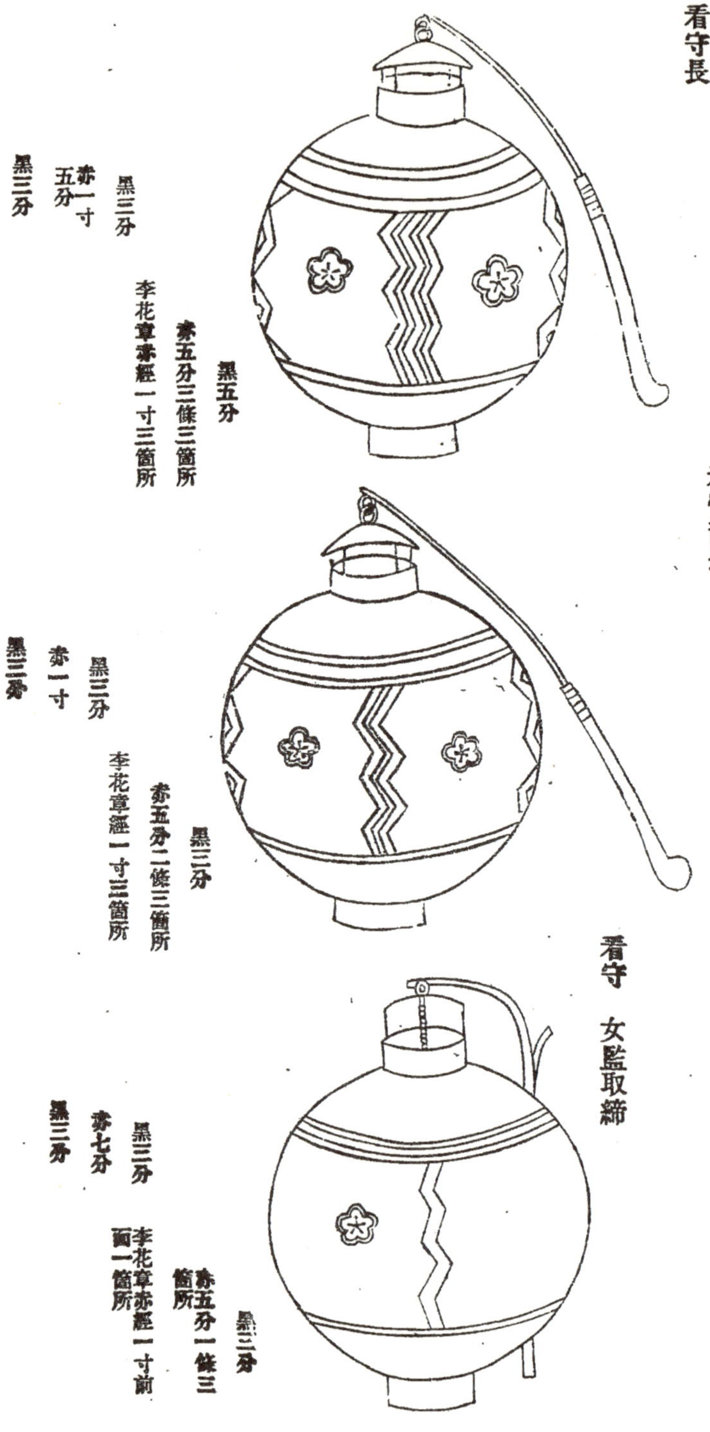
看守長
黑五分
赤五分三條三箇所
李花章赤經一寸三箇所
黑三分
赤一寸五分
黑三分
看守部長
黑三分
赤五分二條三箇所
李花章經一寸三箇所
黑三分
赤一寸
黑三分
看守 女監取締
黑三分
赤五分一條三箇所
李花章赤經一寸前面一箇所
黑三分
赤七分
黑三分

（完）

○訓令

法部訓令第二號

各監獄

監獄傭人給與品及貸與品規程을左갓치定ᄒᆞ얏기玆에訓令ᄒᆞ니此ᄅᆞᆯ依ᄒᆞ야施行事

隆熙二年六月二十日

法部大臣　高永喜

監獄傭人給與品及貸與品規程

第一條　監丁과馭者와馬丁에게給與ᄒᆞᆯ品目과數量及供用期限은左表와如홈

品目	監丁		馭者		馬丁		事由
	數量	供用期限	數量	供用期限	數量	供用期限	
冬服	一組	八箇月	一組	八箇月	一組	八箇月	
夏服	二組	四箇月	二組	四箇月	二組	四箇月	
外套	一件	二箇年	一件	二箇年	一件	二箇年	雨覆附
帽	一個	一箇年	一個	一箇年	一個	一箇年	徽章附
日覆	一個	一箇年					
短靴	二組	一箇年	二組	一箇年			
底革足袋					二組	六箇月	
ᄶᅦ돌(脚絆)	一組	一箇年	一組	一箇年	一組	一箇年	
洋襪	二組	一箇月	二組	一箇月	二組	一箇月	
冬襯衣內袴	二組	八箇月	二組	八箇月	二組	八箇月	
夏襯衣內袴	二組	四箇月	二組	四箇月	二組	四箇月	

第二條　監丁과馭者와馬丁에게貸與홀品目과數量은左表와如홈

品目	馬丁	馭者	馬丁
外套締革	一	一	一
手帖	一		
捕繩	一		
呼角	一		

第三條　給與品은現品을給與홈但短靴,底革足袋,셰둘洋襪,襯衣,內袴에믄代料로뻐給與홈을得홈

第四條　免職,轉職이나或은死亡의際에는其貸與品을還納케ᄒᆞ며供用期限內에在ᄒᆞᆫ給與品도亦同홈但給與品中代料로뻐給與ᄒᆞᆫ者는供用殘期에相當ᄒᆞᆫ金額을辨納케홈

第五條　貸與品이나又는供用期限內에在ᄒᆞᆫ給與品을毁損或紛失ᄒᆞᆫ者가有홀時는代品을給與ᄒᆞ거나又는貸與ᄒᆞ되其過失怠慢에出ᄒᆞᆫ者일時는此를辨償케홈

第六條　被服의製式은別表와如홈

附則

第七條　本令은頒布日로붓터施行홈

別表

名稱	帽		
	監丁	馭者	馬丁
地質	上部는黑絨이요 下部는茶褐絨	茶褐絨	仝
帽章	眞鍮圓形經一寸이니監字를彫刻홈	仝	仝
眼庇	黑革	仝	仝
頤紐	黑革幅三分	仝	仝
製式	下部의高는一寸三分上部의喰出幅은一分이니茶褐絨	下部의高는一寸三分	仝
形狀	圖와如홈	仝	

名稱	日覆
	監丁
地質	茶褐布
製式	帽形을從ᄒᆞ야上部만覆함

名稱	上 衣		
	監丁	馭者	馬丁
地質	黑小倉 夏衣ᄂᆞᆫ茶褐雲齊	茶褐雲齊	仝
釦	眞鍮圓形經六分되ᄂᆞᆫ五個	同十個ᄅᆞᆯ二行으로附홈	角圓形經六分되ᄂᆞᆫ五個
製式	襟의幅은一寸二分 物入은前面右便에一個며左便에二個ᄅᆞᆯ附홈	仝	仝
形狀	圖와如홈	仝	仝

名稱	袴		
	監丁	馭者	馬丁
地質	黑小倉 夏衣ᄂᆞᆫ茶褐雲齊	茶褐雲齊	仝
製式	兩腰에物入各一個ᄅᆞᆯ附홈	仝	仝
形狀	圖와如홈	仝	仝

名稱	外 套		
	監丁	馭者	馬丁
地質	黑絨 裏은黑色(品質은適宜)	仝	仝
釦	角圓形經은七分五厘니胸部에五個ᄅᆞᆯ附ᄒᆞ고收紐에一個ᄅᆞᆯ附홈	仝	仝
製式	長은靴踵의上際ᄅᆞᆯ距ᄒᆞᄂᆞᆫ約六寸襟의幅은二寸이요物入은前面左右에各一個ᄅᆞᆯ附홈	仝	仝
形狀	圖와如홈	仝	仝

(圖式次出)

○部令

監獄官服裝規則을左갓치定ᄒᆞᆷ

隆熙二年六月二十三日

法部大臣　高永喜

法部令第八號

監獄官服裝規則

第一條　典獄과看守長及看守의服裝을二種에區分ᄒᆞ야正裝及常裝으로ᄒᆞᆷ

第二條　常裝이라稱ᄒᆞᆷ은帽,上衣,袴,刀,常緖,手套,下襟,靴ᄅᆞᆯ着裝ᄒᆞᆷ을謂ᄒᆞ고正裝이라稱ᄒᆞᆷ은肩章及常裝의常緖ᄅᆞᆯ正緖로ᄒᆞ야着裝ᄒᆞᆷ을謂ᄒᆞᆷ但夏上衣及夏袴와日覆及長靴ᄂᆞᆫ正裝에用ᄒᆞᆷ을得지못ᄒᆞᆷ

第三條　正裝은儀式과祭典等總히禮服을着用ᄒᆞᆯ境遇에着用ᄒᆞᄂᆞᆫ者로ᄒᆞᆷ

第四條　常服은平日執務ᄒᆞᆯ際에着用ᄒᆞᄂᆞᆫ者로ᄒᆞᆷ

第五條　夏上衣와夏袴及日覆ᄂᆞᆫ六月一日로브터九月三十日ᄭᆞ지着用ᄒᆞᆯ者로ᄒᆞ되但氣候의寒暖을因ᄒᆞ야前後一箇月間을伸縮ᄒᆞ거나又ᄂᆞᆫ冬上衣ᄅᆞᆯ着用ᄒᆞᆷ을得함

第六條　甲種外套及乙種外套ᄂᆞᆫ雨雪의際나又ᄂᆞᆫ防寒ᄒᆞ기爲ᄒᆞ야用ᄒᆞᄂᆞᆫ者로ᄒᆞᆷ但儀式과祭典의處所及上官의室內에셔ᄂᆞᆫ此限에不在ᄒᆞᆷ

第七條　刀는室의內外를不問ᄒᆞ고其上部의鐶을刀帶의鈎金에掛ᄒᆞᄂᆞᆫ者로홈

第八條　靴ᄂᆞᆫ黑革製로ᄒᆞ되但常裝에만茶褐色의靴ᄅᆞᆯ用홈을得함

第九條　雨雪泥濘의際에ᄂᆞᆫ典獄及看守長은長靴又ᄂᆞᆫ쎄돌(脚絆)을用ᄒᆞ며看守ᄂᆞᆫ쎄돌을用ᄒᆞᄂᆞᆫ者로홈

第十條　遠路의旅行이나又ᄂᆞᆫ外役囚의戒護等際에ᄂᆞᆫ草靴로써靴ᄅᆞᆯ改換홈을得홈此境遇에ᄂᆞᆫ쎄돌을用ᄒᆞᄂᆞᆫ者로홈

第十一條　外套ᄅᆞᆯ携帶홈에ᄂᆞᆫ附屬品을內에藏納ᄒᆞ고適宜히捲收ᄒᆞᆫ後兩端을結束ᄒᆞ야左肩에ᄂᆞᆫ斜形으로右腋下에掛ᄒᆞᄂᆞᆫ者로홈

附則

本令은頒布日로붓터施行홈

제4109호, 융희 2년 6월 25일(목요)

○部令

看守女監取締給與品及貸與品規則을左갓치定홈

隆熙二年六月二十三日

法部大臣　高永喜

法部令第九號

看守女監取締給與品及貸與品規則

第一條　看守와女監取締에게給與홀品目과數量及供用期限을左表와如홈

品目	看守		女監取締		事由
	數量	供用期限	數量	供用期限	
冬服	二組	三箇月	二組	三箇月	初年에一組며次年에一組를給與홈
夏服	二組	四箇月	二組	四箇月	
甲種外套	一件	二箇年			雨覆附
乙種外套	一件	二箇年			
雨衣			一件	二箇年	雨覆附
帽	一個	一箇年			徽章附
日覆	二個	四箇月			
短靴	二組	一箇年	二組	一箇年	
쎄돌(脚絆)	一組	一箇年			
下襟	二個	二箇月			
手帖	二組	六箇月	二組	六箇月	
洋韈	二組	一箇月	二組	一箇月	
冬襯衣內袴	二組	八箇月			
夏襯衣內袴	二組	四箇月			

第二條　看守와女監取締에게貸與홀品目과數量을左表와如홈

品目	看守	女監取締
刀	一	
刀緖	一	
刀帶	一	
肩章	一	
外套締革	一	一
手帖	一	一
捕繩	一	一
呼角	一	一

第三條　給與品은現品을給與홈但短靴와쎄돌(脚絆)과下襟과手套와洋韈과襯衣와內袴만代金으로써給與홈을得홈

第四條　免職轉職이나或은死亡의際에는其貸與品을還納케ᄒᆞ며供用

期限內에在ᄒᆞᆫ給與品도亦同홈但給與品中代料로써給與ᄒᆞᆫ者ᄂᆞᆫ供用殘期에相當ᄒᆞᆫ金額을返納케홈

第五條　貸與品이나又ᄂᆞᆫ供用期限內의給與品을毁損或紛失ᄒᆞᆫ者가有ᄒᆞᆯ時ᄂᆞᆫ代品을給與ᄒᆞ거나又ᄂᆞᆫ貸與ᄒᆞ되其過失怠慢에出ᄒᆞᆫ者일時ᄂᆞᆫ此ᄅᆞᆯ辨償케홈

附則

本令은頒布日로붓터施行홈

제4109호, 융희 2년 6월 25일(목요)

○訓令

法部訓令第二號(續)

帽

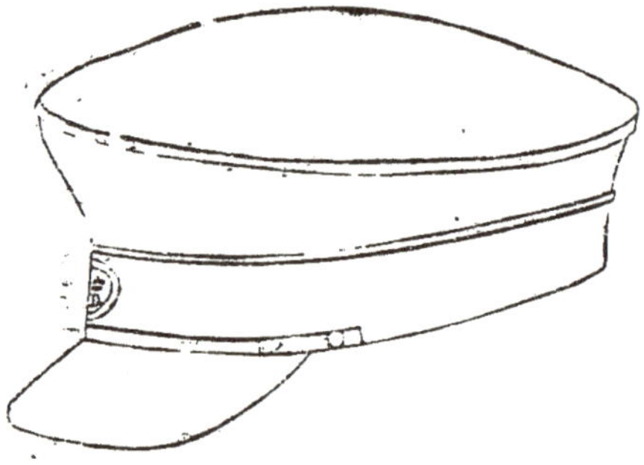

帽章

監丁
馬丁
衣

馭者

袴

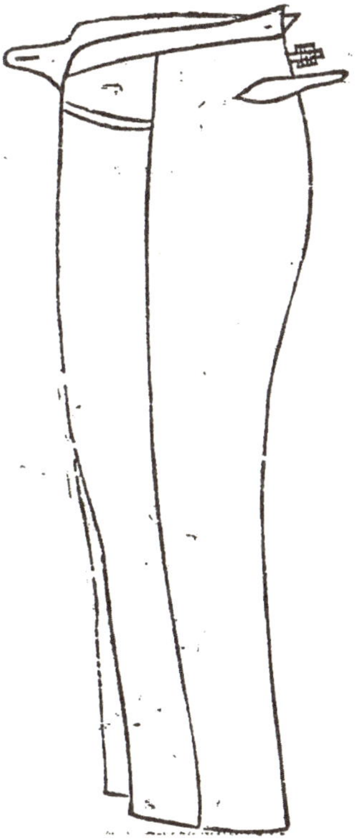

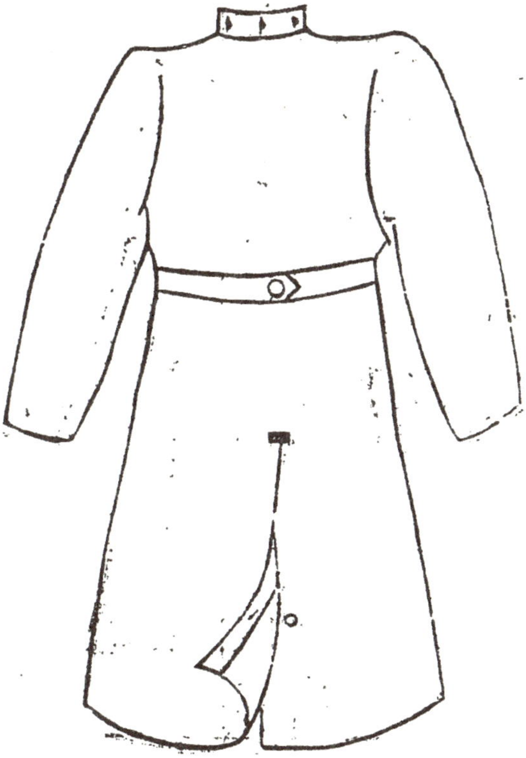

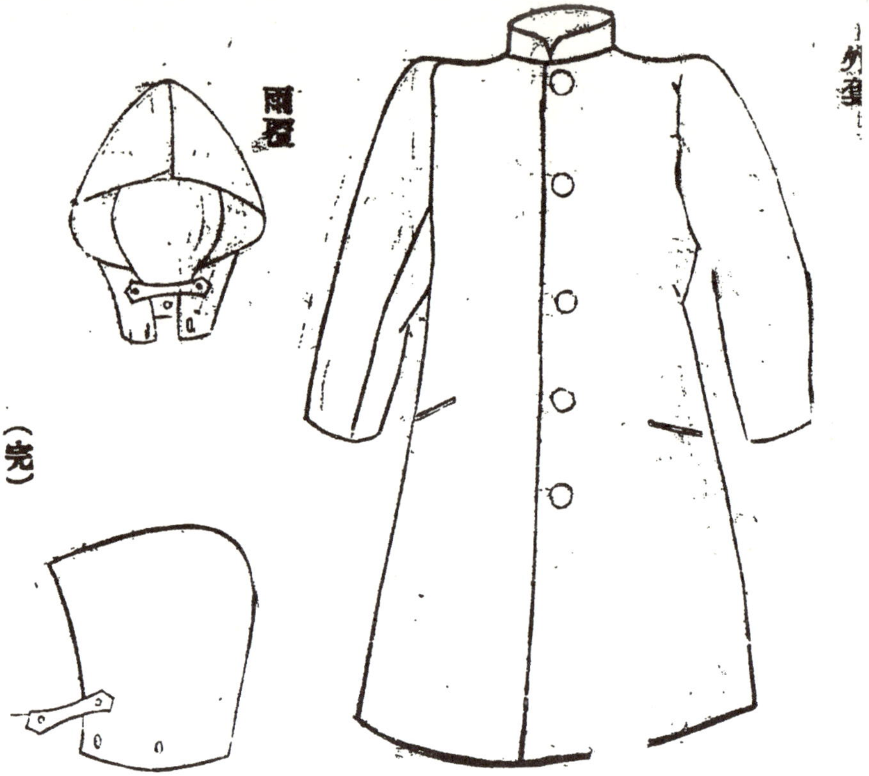

제4135호, 융희 2년 7월 25일(토요)

○訓令

法部訓令第五號

各監獄

看守以下給與品支給規程을左갓치定ᄒᆞ얏기玆에訓令ᄒᆞ니此를依ᄒᆞ야施行事

隆熙二年七月二十三日

法部大臣　高永喜

看守以下給與品支給規程

第一條　看守女監取締給與品及貸與品規則第三條와監獄傭人給與品及貸與品規程第三條에依ᄒᆞᄂᆞᆫ給與品中代料로ᄡᅥ支給ᄒᆞᆯ品目及金額은左와如함

	看守	女監取締	監丁	馭者	馬丁
短靴	壹組 貳圓五十錢	仝 貳圓八拾錢	仝 貳圓	仝 貳圓	
底革足袋					壹組 壹圓
下襟	壹個 五錢				
手套	壹組 拾五錢	仝 拾五錢			
洋襪	壹組 拾錢	仝 拾錢	仝 拾錢	仝 拾錢	仝 拾錢
冬襯衣內袴	壹組 壹圓七拾錢	仝 壹圓七拾錢	仝 壹圓四拾錢	仝 壹圓四拾錢	仝 壹圓四拾錢
夏襯衣內袴	壹組 壹圓貳拾錢	仝 壹圓貳拾錢	仝 壹圓拾錢	仝 壹圓拾錢	仝 壹圓拾錢

前項에依ᄒᆞ야支給ᄒᆞᆯ金額은各品을合計ᄒᆞᆫ年額을配月로ᄡᅥ支給ᄒᆞᆷ을得ᄒᆞᆷ

第二條　給與品의支給期日은左와如ᄒᆞᆷ

一　代料支給은其當月分을每月五日

但休廳日에當ᄒᆞᆫ時ᄂᆞᆫ順次延給ᄒᆞᆷ

一　夏服,帽,日覆ᄂᆞᆫ五月下旬

一　冬服,外套,雨衣,ᄶᅦ－ᄃᆞᆯ은九月下旬

支給期日以後에新任者에게ᄂᆞᆫ前項의期日을不拘ᄒᆞ고隨時ᄒᆞ야支給ᄒᆞᆷ

第三條　給與品의供用期限은總히支給ᄒᆞᆫ翌月로브터起筭ᄒᆞᆷ

官報

第四條　支給期日以後의新任者에게는還納品으로써相當훈期限을定

호야支給홈을得홈期日以後에支給훈給與品으로其次支給期

日에至호야供用期限이尙存훈者는還納케홈

○告示

學部告示第五號

隆熙二年二月十三日學部令第八號教育効績者褒賞規程第二條効績狀及徽章을左갓치定홈

隆熙二年六月二十七日

學部大臣　李載昆

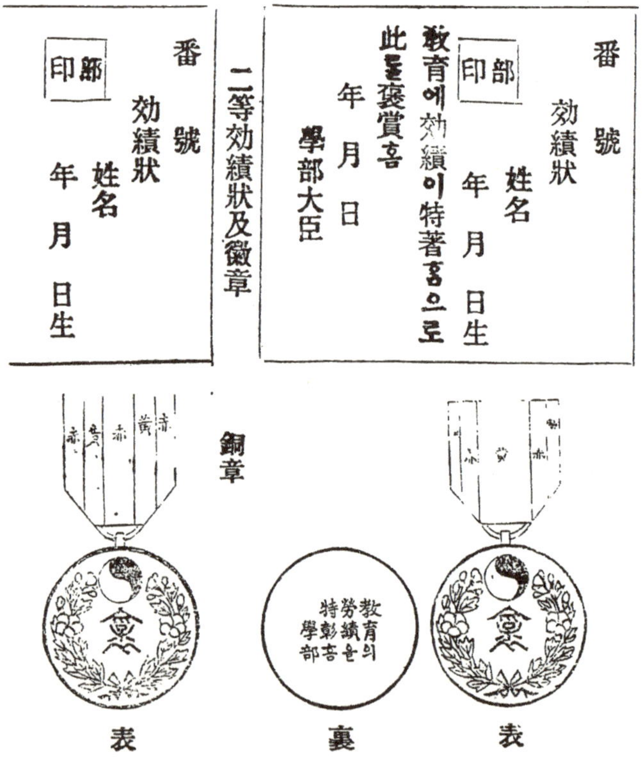

教育에効績이表著홈으로
此를褒賞홈
年 月 日
學部大臣

三等効績狀

番號
効績狀
姓名
年 月 日生
部
印
教育에効績이頗著홈으로此를
褒賞홈
年 月 日
學部大臣

教育의
勞績을
表彰홈
學部

裏

제4315호, 융희 3년 3월 3일(수요)

○部令

憲兵補助員의服制를左와如히定홈

隆熙三年二月二十日

軍部大臣　李秉武

軍部令第二號

憲兵補助員服制

名稱	帽
地質	茶褐絨 鉢卷上部喰出 緋絨
前章	李花章 金色金屬 寸法位置如圖

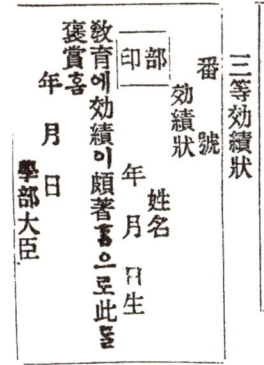

眼庇	黑革
頣紐	黑革 釦 金色金屬 寸法位置如圖
製式	無心軟製 寸法圖에示홈
形狀	如圖

名稱	衣
地質	茶褐絨 袖章 蛇腹組緋毛糸
釦	赫銅
製式	長 臏骨上端으로브터下홈이六寸 袖章 腕關節에至홈 囊 左右各一個 袖章 全周에逢着홈 劒止 左脅下에一個를附홈 李花章 緋絨으로打拔ᄒᆞ야右膊部에縫着ᄒᆞᄂᆞ니寸法圖에示홈
形狀	如圖

名稱	袴
地質	茶褐絨 側章 蛇腹組緋毛糸
製式	長 靴踵上際에至홈 囊 兩股에各一個 側章 表面에縫着홈 寸法 圖에示홈
形狀	如圖

名稱	夏衣袴
地質	茶褐布
釦	赫銅
製式	絨衣袴와同홈 但袖章側章을除홈

名稱	外套
地質	茶褐絨
釦	赫銅
製式	長 靴踵上際에距홈이約八寸 袖章 腕關節에至홈이約一寸五分 囊左 右各一個 頭巾 固着製니圖에示홈 李花章 緋絨으로打拔ᄒᆞ야右膊部에縫着ᄒᆞᄂᆞ니寸法은圖에示홈 寸法位置 如圖
形狀	

本令은隆熙二年八月二十日노붓터施行홈

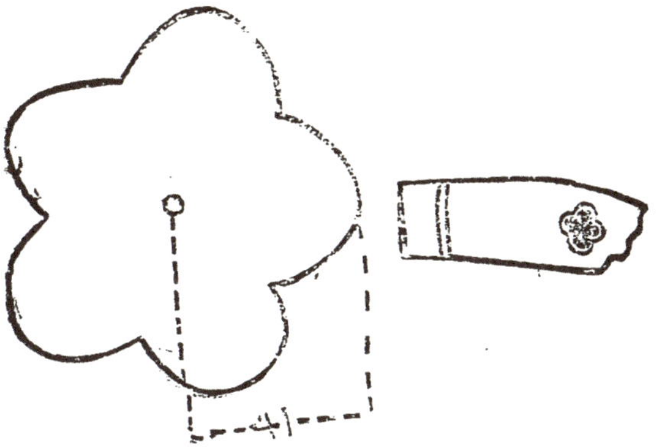

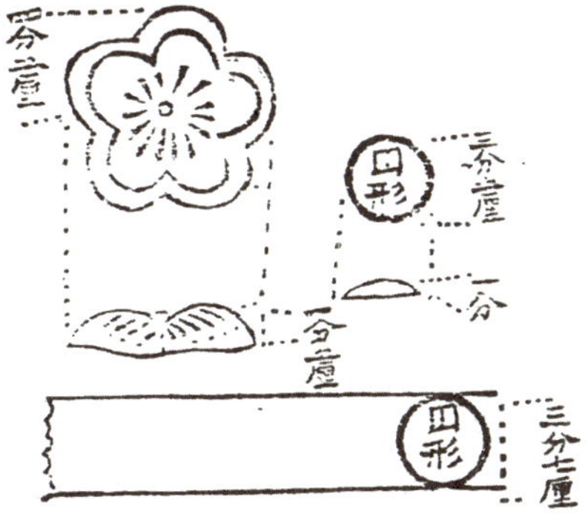

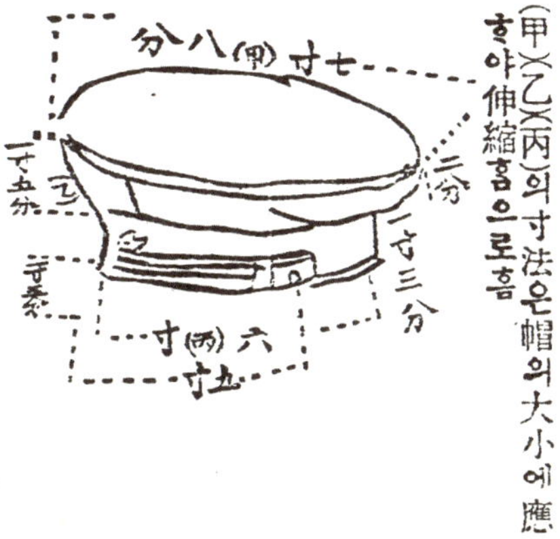

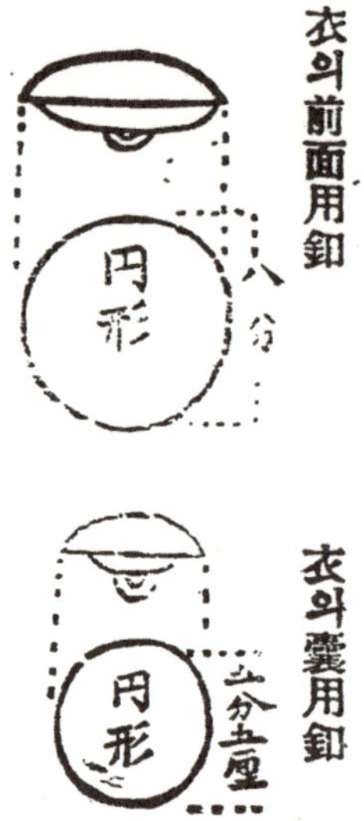

衣

第一圖

衣

第二圖

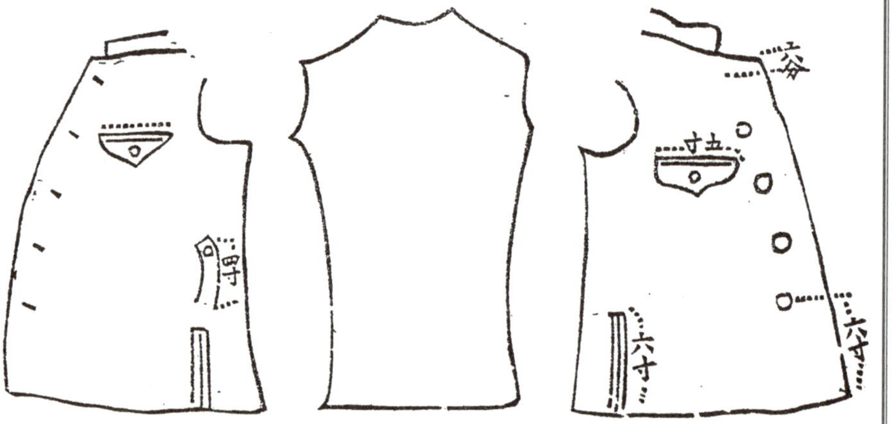

胸部의釦十個는衣와同ᄒ고覆面止의一個及后裂止四個는褐色四個目釦經四分五里로홈

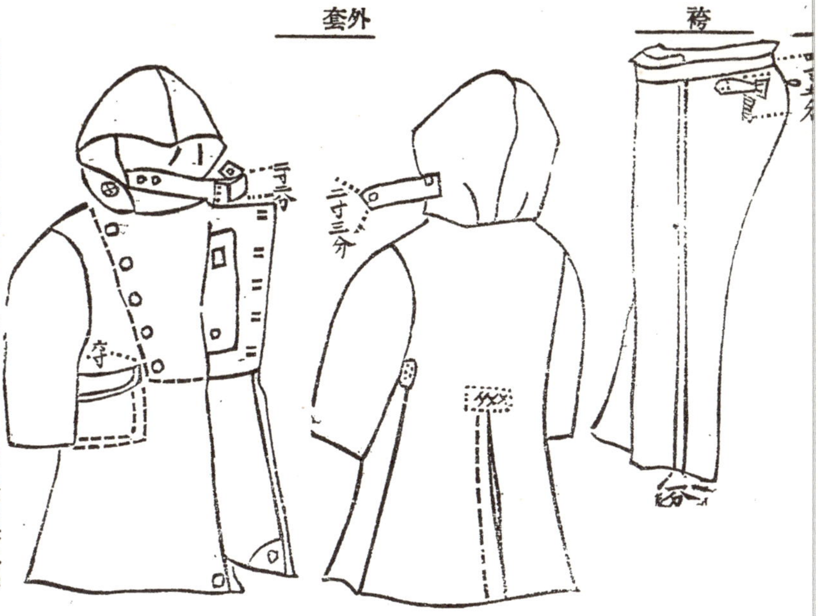

제4392호, 융희 3년 6월 2일(수요)

○勅令

朕이南西巡幸記念章制定의件을裁可ᄒ야玆에頒布케ᄒ노라

御名　御璽

隆熙三年六月一日

內閣總理大臣　李完用

勅令第六十三號

第一條　南西巡幸記念章은銀製로홈

第二條　記念章은隆熙三年一二月中巡幸에關ᄒ皇族과判任官以上者及公吏又는重要ᄒ奉迎員에게此를頒賜홈

記念章은前項巡幸에關ᄒ判任官以上의日本文武官과又는日本公吏及重要ᄒ奉迎員에게此를授與홈

第三條　記念章의製式은左와如홈

章　直徑一寸一分의圓形이니表面에御旗ᄅᆞᆯ刻ᄒᆞ고裏面은「ᄃᆡ한뎨국대황뎨폐하남셔슌힝긔념장륭희삼년」國文二十字ᄅᆞᆯ橫四行으로識홈

環　圓形으로홈

綬　織地幅一寸二分이니中央은軟紅色이오兩邊은白色으로홈

記念章은綬로뼈左脇에佩홈

第四條　記念章은本人에限ᄒᆞ야終身佩用ᄒᆞ고子孫이此ᄅᆞᆯ保存ᄒᆞᆷ을許홈

記念章表裏圖及綬圖ᄅᆞᆯ左揭홈

附則

本令은頒布日로븟터施行홈

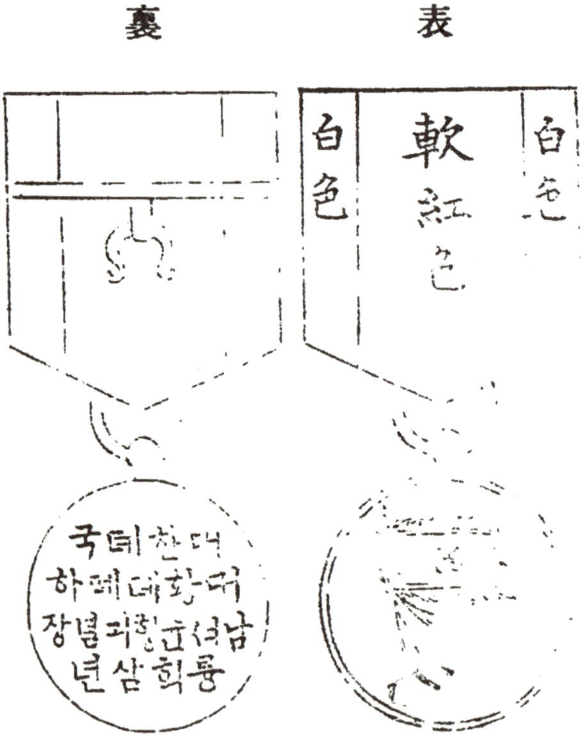

【부록】

본 자료집에 수록된 구한국 관보의 복식 관련 자료는 크게 다음의 6가지 항목으로 세분할 수 있다.

1. 경찰 및 법원 관련 복식 자료

〈제19호, 개국 504년 4월 21일(수요)〉 : 칙령81호, 경무사 이하 복제에 관한 건

〈제81호, 개국 504년 6월 5일(금요)〉 : 칙령 130호, 각부 경무관 이하 복제에 관한 건

〈제157호, 개국 504년 9월 9일(토요)〉 : 칙령 168호, 재판소 정리 복장에 관한 건

〈호외, 개국 504년 10월 21일〉 : 칙령179호, 경관 표상식

〈제535호, 건양 2년 1월 16일(토요)〉 : 칙령7호, 칙령81호 칙령 중 경무사 이하 복제의 개정첨입에 관한 건.

〈제850호, 광무 2년 1월 19일(수요)〉 : 칙령3호, 감옥규칙 중에서 복식관련 내용만 일부 발췌.

〈제1220호, 광무 3년 3월 28일(화요)〉 : 칙령6호, 경무사 이하 본청과 각 항구 경무관의 예모와 예장에 관한 건

〈제1220호, 광무 3년 3월 28일(화요)〉 : 칙령9호, 칙령81호 중 경무사 경무관 총순의 복제 개정에 관한 건.

〈제1704호, 광무 4년 10월 30일(토요)〉 : 칙령 39호, 경부대신 이하 본부와 각 항구 경무

관 총순과 각 관찰부 총순의 예모와 예장 변견에 관한 건

〈제1704호, 광무 4년 10월 30일(토요)〉 : 칙령 38호, 경부대신이하 본부와 각 항구 경무관 총순과 각 관찰부 총순의 상모와 상장의 변경에 관한 건

〈제1845호, 광무 5년 3월 27일(수요)〉 : 정오(正誤), 경부 예모 예장 규칙에 대한 정오

〈제2271호, 광무 6년 8월 6일(수요)〉 : 칙령 11호, 경무사 이하 각 관찰부 총순의 예모와 예장 변경에 관한 건

〈제2271호, 광무 6년 8월 6일(수요)〉 : 칙령12호, 경무사 이하 각 관찰부 총순의 상모와 상장 변경에 관한 건

〈제3202호, 광무 9년 7월 27일(목요)〉 : 칙령 39호, 경무사 이하 총순의 예모와 예장 제식 개정건

〈제3202호, 광무 9년 7월 27일(목요)〉 : 칙령 40호, 경무사 이하 상모와 상장, 그리고 하복 제식 개정건

〈제3409호, 광무 10년 3월 24일(토요)〉 : 칙령 14호, 평리원 이하 각 재판소 사법관과 주사재판 정복 규칙

〈제3409호, 광무 10년 3월 24일(토요)〉 : 칙령 15호, 변호사정복규칙

〈제3409호, 광무 10년 3월 24일(토요)〉 : 칙령 16호, 재판소 정리 복장 규칙 개정건

〈제3624호, 광무 10년 11월 30일(금요)〉 : 내부령 제15호, 권임 순검의 급여품과 대여품 지급 규정

〈제3663호, 광무 11년 1월 15일(화요)〉 : 칙령 82호, 경찰 관리와 감옥관리 제등 규칙

〈제3719호, 광무 11년 3월 21일(목요)〉 : 칙령 10호, 경무사 이하 예모와 예장 제식 중 개정건

〈제3719호, 광무 11년 3월 21일(목요)〉 : 칙령 11호, 경무사 이하 간수장 상모 상장과 하복 제식 중 개정

〈제3811호, 광무 11년 7월 6일(토요)〉 : 포달, 궁내부주전원경위국장이하 복제와 제등규칙에 관한 건

〈제3900호, 융희 원년 10월 18일(금요)〉 : 칙령 28호, 경시총감과 경시부감 예모 예장에 관한 건

〈제3964호, 융희 2년 1월 7일(화요)〉 : 내부령 제7호, 순사 급여품과 대여품 규칙

〈제4106호, 융희 2년 6월 22일(월요)〉 : 칙령 33호, 감옥관 복제와 제등 미장 제정 건

〈제4107호, 융희 2년 6월 23일(화요)〉 : 칙령 제33호(속)

〈제4109호, 융희 2년 6월 25일(목요)〉: 법부훈령 제2호, 감옥용인 급여품과 대여품 규정

〈제4109호, 융희 2년 6월 25일(목요)〉: 법부령 제8호, 감옥관 복장 규칙

〈제4109호, 융희 2년 6월 25일(목요)〉: 법부령 제9호, 간수 여감취체 급여품과 대여품 규정

〈제4109호, 융희 2년 6월 25일(목요)〉: 법부훈령 제2호(속)

〈제4135호, 융희 2년 7월 25일(토요)〉: 법부훈령 제5호, 간수 이하 급여품 지급 규정

2. 군 관련 복식 자료

〈제10호, 개국 504년 4월 11(일요)〉: 칙령 78호, 육군복장규칙

〈제74호, 개국 504년 윤5월 26일(목요)〉: 칙령 123호, 육군 복장을 시위대에도 적용케 하는 건

〈제127호, 개국 504년 8월 2일(금요)〉: 군부령 제 2호, 구 각영에 속했던 마보장졸에서 해방된 자의 군장 군기 등 수납에 관한 건

〈제132호, 개국 504년 8월 8일(목요)〉: 칙령 152호, 육군복장규칙을 군부내 무관과 상당관에도 적용케 하는 건

〈제141호, 개국 504년 8월 19일(월요)〉: 칙령156호, 육군복장규칙을 외국유학군인에게도 적용케 하는 건

〈제156호, 개국 504년 9월 8일(금요)〉: 칙령165호, 육군복장규칙을 일반육군군인에게도 적용케 하는 건

〈호외, 개국 504년 10월 21일〉: 칙령178호, 무관 표상식

〈제632호, 건양 2년 5월 10일(월요)〉: 궁정녹사

〈제639호, 건양 2년 5월 18일(화요)〉: 궁정녹사, 군부복장반포

〈제639호, 건양 2년 5월 18일(화요)〉: 궁정녹사, 육군복장규칙

〈제1147호, 광무 3년 1월 2일(월요)〉: 궁정녹사, 육군장졸복장제식

〈제1306호, 광무 3년 7월 6일(목요)〉: 궁정녹사, 대원부관제 중에서 무관의 복장에 관한 내용만 일부 발췌

〈제1624호, 광무 4년 7월 12일(목요)〉: 궁정녹사, 육군장졸복장제식의 개정건

〈제2958호, 광무 8년 10월 15일(토요)〉: 궁정녹사, 육군장졸복장제식의 개정건

〈부록, 광무 10년 1월 18일〉: 군부령 제1호, 군대경리규정 중에서 제4장 피복사무와 피복품수지부 등 복식과 관련된 내용 일부만 발췌

〈제3462호, 광무 10년 5월 25일(금요)〉: 칙령 24호, 육군복장규칙

〈제3637호, 광무 10년 12월 15일(토요)〉 칙령 76호, 육군복장제식 중 개정건

〈제3754호, 광무 11년 5월 1일(수요)〉: 칙령 29호, 육군 장령위관과 준사관 이하 제등규칙

〈제3889호, 융희 원년 10월 5일(토요)〉: 칙령 25호, 육군복장제식 중 개정건

〈제3889호, 융희 원년 10월 5일(토요)〉: 칙령 26호, 육군복장제식

〈제3916호, 융희 원년 11월 6일(수요)〉: 칙령 31호, 육군복장제식 중 첨입 건

〈제3999호, 융희 2년 2월 17일(월요)〉: 칙령 9호, 근위기병대 하사 이하 예복 제식에 관한 건

〈제4315호, 융희 3년 3월 3일(수요)〉: 군부령 제2호, 헌병보조원 복제

3. 단발 관련 자료

〈호외, 개국 500년 11월 15일〉(504년이나 4년이 누락됨 – 편집자 주)

〈제214호, 건양 원년 1월 4일(토요)〉: 내부고시

〈제214호, 건양 원년 1월 4일(토요)〉: 내부고시

〈제217호, 건양 원년 1월 9일(목요): 내부고시

〈호외, 건양 원년 2월 11일〉: 조칙

4. 조신 및 관원 관련 복식 자료

〈개국 503년 12월 16일〉: 조신의 대례복과 통상 예복에 관한 것

〈개국 504년 3월 29일〉: 정부와 민간의 예복에 관한 것

〈제6호 개국 504년 4월 7일(수요)〉: 궁정녹사, 정부와 민간의 예복에 관한 것

〈호외, 개국 504년 8월 11일〉: 칙령 1호, 조신 이하 복장식에 관한 건

〈제981호, 광무 2년 6월 21일(화요)〉: 칙령 20호, 출사 각국 외교관 영사관 이하 관원

복장식

〈호외, 광무 4년 4월 19일〉 : 칙령 14호, 문관복장규칙

〈호외, 광무 4년 4월 19일〉 : 칙령 15호, 문관대례복제식

〈부록, 광무 5년 9월 3일〉 : 칙령, 칙령 15호 중 문관대례복 도식

〈제3326호, 광무 9년 12월 18일(월요)〉 : 칙령53호, 농상공도량형임검원 복식에 관한 건

〈호외, 광무 10년 2월 28일〉 : 궁정녹사, 궁내부본부와 예식원 예복 규칙

〈호외, 광무 10년 2월 28일〉 : 궁정녹사, 궁내부본부와 예식원 대례복과 소례복 제식

〈제3599호, 광무 10년 11월 1일(목요)〉 : 칙령 66호, 관세관 복장규칙

〈부록, 광무 10년 11월 8일〉 : 칙령, 관세관 복장 도식

〈제3637호, 광무 10년 12월 15일(토요)〉 : 칙령 74호, 문무관고에 관한 건

〈제3646호, 광무 10년 12월 26일(수요)〉 : 칙령 75호, 문관 대례복 제식 개정건

〈제4052호, 융희 2년 4월 20일(월요)〉 : 포달 173호, 동궁직원공복장과 제등 규칙

〈제4054호, 융희 2년 4월 22일(수요)〉 : 포달, 포달 173호(속)

〈제4072호, 융희 2년 5월 13일(수요)〉 : 포달 176호, 장례원악사장이하 복제에 관한 건

〈제4073호, 융희 2년 5월 14일(목요)〉 : 포달, 포달 제176호(속)

5. 훈 · 포장 관련 자료

〈호외, 광무 4년 4월 19일〉 : 칙령 13호, 훈장조례

〈제1846호, 광무 5년 4월 18일(목요)〉 : 칙령 10호, 훈장조례개정건

〈제2285호, 광무 6년 8월 22일(금요)〉 : 정오(正誤), 훈장조례에 관한 정오.

〈제3730호, 광무 11년 4월 3일(수요)〉 : 칙령 20호, 훈장조례 중 개정 건.

〈제4140호, 융희 2년 7월 31일(금요)〉 : 학부고시 제5호, 교육 효적자에 대한 포상 규정

〈제4392호, 융희 3년 6월 2일(수요)〉 : 칙령 63호, 남서순행기념장제정에 관한 건

6. 기타

〈제26호, 개국 504년 4월 29일(목요)〉 : 궁정녹사, 대원군을 삼가 받들어 모시는 예절 조목

〈제256호 부록, 건양 원년 1월 20일〉 : 예산, 내부소관에 제1관 내부본청 피복비와 제4관 경무본청에 피복비, 제5관경무청감옥서의 피복제비 등 복식 관련 내용 일부만 발췌하여 수록

〈호외, 건양 원년 8월 31일〉 : 국정녹사, 궁정녹사복제의주 중 개정건

〈제914호, 광무 2년 4월 4일(월요)〉 : 궁정녹사, 동궁섭행 시 상하복색 규정

〈호외, 광무 4년 10월 16일〉 : 궁정녹사, 황태자와 황태자비, 그리고 종친 문무백관 변복 등에 관한 것

〈호외, 광무 4년 10월 16일〉 : 궁정녹사, 군경의 신구 복장 등에 관한 것

연구책임자 : 서영수
제1세부과제 연구책임자 : 강재철
공동연구원 : 최인학
송재용
연 구 교 수 : 김난주
서종원
이영수
연구보조원 : 박상진
김태환
이연경

동양학총서 39집
개화기에서 일제강점기까지 한국문화자료총서
-구한국 관보 복식 관련 자료집-

초판1쇄 발행 | 2011년 8월 20일

엮은이 단국대학교 동양학연구소 펴낸이 홍기원

총괄 홍종화
디자인 정춘경 · 하은실
편집 오경희 · 조정화 · 오성현 · 신나래 · 정고은
관리 박정대 · 최기엽

펴낸곳 민속원 출판등록 제18-1호
주소 서울 마포구 대흥동 337-25 전화 02) 804-3320, 805-3320, 806-3320(代) 팩스 02) 802-3346
이메일 minsok1@chollian. net 홈페이지 www. minsokwon. com

ISBN 978-89-285-0143-4 94380
ISBN 978-89-285-0006-2 Set

이 저서는 2008년 정부(교육과학기술부)의 재원으로 한국학술진흥재단의 지원을 받아 수행한 연구임(KRF 2008-005-J02201)